Band 4, Heft 4, Dezember 1975

Inhalt

Abhandlungen

Rechtsprechung

Hinweise

Literatur

Die Autoren der Beiträge dieses Heftes

Ulrich Bechmann, GMD Institut für Datenverarbeitung im Rechtswesen, Schloß Birlinghoven, Postfach 1240, D- 5205 St. Augustin 1

Christine Falke, Gustav-Adolf-Str. 9, D-4800 Bielefeld 1

Hansjürgen Garstka, Dr., Assistenzprofessor, Freie Universität Berlin, Fachbereich Rechtswissenschaft, Corneliusstraße 20, D-1000 Berlin 46

Walter Popp, Technische Hochschule Darmstadt, Fachgebiet für Öffentliches Recht, Hochschulstraße 1/III, D-6100 Darmstadt

Hubert Rodingen, Reinhold-Schneider-Str. 1, D-6500 Mainz-Gonsenheim

Bernhard Schlink, Technische Hochschule Darmstadt, Fachgebiet für Öffentliches Recht, Hochschulstraße 1/III, D-6100 Darmstadt

Ulrich Seidel, Dr., GMD Institut für Datenverarbeitung im Rechtswesen, Schloß Birlinghoven, Postfach 1240, D-5205 St. Augustin 1

Verantwortlich für den redaktionellen Teil: Dr. Sigmar Uhlig, Bonn. *Verlag:* J. Schweitzer Verlag, 1 Berlin 30, Genthiner Straße 13, Telefon 0 30/2 61 13 41, Postscheckkonto: Berlin-West, Konto-Nr. 566 67-108; Berliner Bank A.G., Depka 32, Konto-Nr. 32 71036 400. Der Verlag ist eine KG; persönlich haftende Gesellschafter sind Dr. Kurt Georg Cram, Berlin, und Dr. Arthur L. Sellier, München; Kommanditisten sind Alfred Sellier und Marie-Louise Sellier, beide München. *Anzeigenannahme:* J. Schweitzer Verlag. Gültig ist Anzeigenpreisliste Nr. 1. Verantwortlich für den Anzeigenteil: Dietrich Foth. Anzeigenschluß 4 Wochen vor Erscheinen des Heftes. *Satz:* Behr, München. *Druck:* Gerber, München. *Erscheinungsweise:* Die Zeitschrift erscheint bandweise, ein Band besteht aus 4 Heften zu je ca. 96 Seiten. Jährlich soll ein Band erscheinen. *Bezugspreise:* Abonnementspreis pro Band DM 154,–. Vorzugspreis für Studenten und Referendare DM 116,–, Einzelheft DM 46,–, Doppelheft DM 92,–. Alle Preise verstehen sich inklusive Mehrwertsteuer, jedoch zuzüglich Zustellgebühr. *Bestellungen* nehmen entgegen: jede Buchhandlung und der Verlag. Bestellungen zum Vorzugspreis nur gegen Vorlage einer Ausbildungsbestätigung. *Abbestellungen* müssen 4 Wochen vor Vierteljahresschluß erfolgen.

Datenverarbeitung im Recht (DVR)

Archiv für die gesamte Wissenschaft der Rechtsinformatik, der Rechtskybernetik und der Datenverarbeitung in Recht und Verwaltung

Band 4, 1975

J. Schweitzer Verlag · Berlin

Dr. Sigmar Uhlig, D-53 Bonn-Tannenbusch, An der Düne 13,
Telefon 0 22 21 / 66 13 78 (privat)) 0 22 21 / 5 81 oder 58 48 27 (dienstlich)

Dieter Hebebrand, D-3501 Niestetal, Fliederweg 1, Telefon 05 61 / 52 46 21 (privat); 05 61 / 30 73 62 (Bundessozialgericht)

Zitierweise: DVR

Band 4, 1975

Inhalt

Abhandlungen

Rechtsprechung

Hinweise

Literatur

Die Autoren der Beiträge

Ulrich Bechmann, GMD Institut für Datenverarbeitung im Rechtswesen, Schloß Birlinghoven, Postfach 1240, 5205 St. Augustin 1

Hélène Bauer-Bernet, Dr. jur., Lic en Droit, Lic es Lettres, 11 Drève des Deux Moutiers, Brüssel

Herbert Burkert, Konviktsweg 18, D-6110 Dieburg

Ulrich Dammann, Wissenschaftlicher Mitarbeiter der Forschungsstelle für Juristische Dokumentation, Senckenberganlage 31, D-6000 Frankfurt

Christine Falke, Gustav-Adolf-Str. 9, D-4800 Bielefeld 1

Hansjürgen Garstka, Dr., Assistenzprofessor, Freie Universität Berlin, Fachbereich Rechtswissenschaft, Corneliusstr. 20, D-1000 Berlin 46

Andrzej Kisza, Dr. jur. habil., Rechtsanwalt, Wroclaw 50-950 Polen, ul. Sadowa 4 (Zespol Adwokacki nr 4)

Henriette Mignot, CRIDON, 58, bvd. des Belges, F-69 458 Lyon

Paul J. Müller, Diplom-Volkswirt, Zentralarchiv für empirische Sozialforschung der Universität Köln, Bachemer Str. 40, D-5000 Köln

Walter Popp, Technische Hochschule Darmstadt, Fachgebiet für Öffentliches Recht, Hochschulstr. 1/III, D-6100 Darmstadt

Leo Reisinger, DDr. Privatdozent, Institut für Statistik an der Universität Wien, Universitätsstr. 7, A-1010 Wien

Hubert Rodingen, Reinhold-Schneider-Str. 1, D-6500 Mainz-Gonsenheim

Maria Schlagböhmer, Richterin am Oberlandesgericht, Bundesministerium der Justiz, Stresemannstr. 6, D-5300 Bonn – Bad Godesberg

Bernhard Schlink, Technische Hochschule Darmstadt, Fachgebiet für Öffentliches Recht, Hochschulstr. 1/III, D-6100 Darmstadt

Ulrich Seidel, Dr., GMD Institut für Datenverarbeitung im Rechtswesen, Schloß Birlinghoven, Postfach 1240, D-5205 St. Augustin 1

Dieter Zimmermann, Unternehmens-Berater, Kaiserwerther Str. 129, D-4000 Düsseldorf

Manuskripte, redaktionelle Anfragen und Besprechungsexemplare werden an den Geschätsführenden Herausgeber erbeten, geschäftliche Mitteilungen an den Verlag. Für unverlangt eingesandte Manuskripte wird keine Gewähr geleistet.

Die Beiträge werden nur unter der Voraussetzung aufgenommen, daß der Verfasser denselben Gegenstand nicht gleichzeitig in einer anderen Zeitschrift behandelt.

Verantwortlich für den redaktionellen Teil: Dr. Sigmar Uhlig, Bonn.

Verlag: J. Schweitzer Verlag, 1 Berlin 30, Genthiner Straße 13, Telefon 0 30/2 61 13 41, Postscheckkonto: Berlin-West, Konto-Nr. 566 67-108; Berliner Bank A. G., Depka 32, Konto-Nr. 32 71036 400. Der Verlag ist eine KG; persönlich haftende Gesellschafter sind Dr. Kurt Georg Cram, Berlin, und Dr. Arthur L. Sellier, München. Kommanditisten sind Alfred Sellier und Marie-Louise Sellier, beide München. *Anzeigenannahme:* J. Schweitzer Verlag. Gültig ist Anzeigenpreisliste Nr. 2. Verantwortlich für den Anzeigenteil: Dietrich Foth. Anzeigenschluß 4 Wochen vor Erscheinen des Heftes. *Satz:* Behr München. *Druck:* Gerber, München. *Erscheinungsweise:* Die Zeitschrift erscheint bandweise, ein Band besteht aus 4 Heften zu je ca. 96 Seiten. Jährlich soll ein Band erscheinen. *Bezugspreise:* Abonnementpreis pro Band DM 154,–. Vorzugspreis für Studenten und Referendare DM 116,–. Einzelheft DM 46,–, Doppelheft DM 92,–. Alle Preise verstehen sich inklusive Mehrwertsteuer, jedoch zuzüglich Zustellgebühr. *Bestellungen* nehmen entgegen: jede Buchhandlung und der Verlag. Bestellungen zum Vorzugspreis nur gegen Vorlage einer Ausbildungsbestätigung. *Abbestellungen* müssen 4 Wochen vor Vierteljahresschluß erfolgen.

Hansjürgen Garstka

Information und Sprache im rechtlichen Regelprozeß. Zur Einbeziehung von Informationswissenschaft und Sprachwissenschaft in der Rechtstheorie

Übersicht

1. Ausgangspunkt

Die derzeitige Entwicklung der Rechtstheorie in der BRD ist gekennzeichnet durch eine zunehmende Hinwendung zu Forschungsgebieten, die außerhalb der Rechtswissenschaft liegen, denen man aber bei der Suche nach einer rationalen Theorie des Rechts große Bedeutung zumißt. Insbesondere soll die Einführung „exakter" Wissenschaftsdisziplinen die Rationalität der Rechtstheorie und damit auch der Rechtswissenschaft insgesamt erhöhen[1].

Diese Zielsetzung hat auch einen praktischen Grund: In immer stärkerem Maß werden Überlegungen angestellt, wie Elektronische Datenverarbeitungsanlagen in die primär rechtlich strukturierten gesellschaftlichen Bereiche eingeführt werden können. Hier setzt die Automation Reflexionen über die algorithmische Struktur und somit eine exakte Analyse juristischer Handlungsabläufe voraus.

Informationswissenschaft und Sprachwissenschaft sind zwei Disziplinen, die einen bedeutenden Beitrag zur Weiterung der Rechtstheorie in dieser Hinsicht leisten können.

Ihre Einführung in die Rechtstheorie ist allerdings mit einer Neubesinnung über den Gegenstandsbereich der Rechtstheorie selbst verbunden. Die traditionelle Rechtstheorie in der BRD (und nicht nur hier) hat sich bis vor kurzem nahezu ausschließlich mit der isolierten Betrachtung der in der jeweiligen Gesellschaft geltenden Rechtsordnung zufrieden gegeben. Dabei wird die Rechtsordnung verstanden als die Menge der Rechtsnormen, die in den Gesetzen niedergelegten Rechtssätzen repräsentiert sind und zu denen Rechtsprechung und wissenschaftliche Literatur als zusätzliche Erkenntnisquellen hinzutreten. Im Vordergrund steht die Frage, wie bei unklarem Wortlaut oder bei Lücken im Recht eine Entscheidung für eine der möglichen Deutungen gefunden werden kann: so kommt es mitunter zur Identifikation von Juristischer Methodenlehre und Rechts-

---

[1] Vgl hierzu vor allem den Sammelband: Rechtstheorie als Grundlagenwissenschaft der Rechtswissenschaft (herausgegeben von *H. Albert, N. Luhmann, W. Maihofer, O. Weinberger*). Düsseldorf 1972. Jahrbuch für Rechtssoziologie und Rechtstheorie. Band 2.

theorie. Wenn in diesem Zusammenhang von Verfahren die Rede ist, dann vom logischen Verfahren der Ableitung bestimmter Folgen aus juristischem Obersatz und Sachverhalt (Untersatz)[2].

Die Berücksichtigung von Information und Sprache in der Rechtstheorie zwingt die Rechtstheorie, diese statische Betrachtung des Rechts aufzugeben. Die Funktion von Information und Sprache kann nur adäquat untersucht werden, wenn diese Phänomene betrachtet werden im Rahmen eines (dynamischen) Interaktionsmodells, in dem sie als Verhaltensdeterminanten fungieren und in dem sie selbst typischen Transformationen unterworfen werden. Zuerst soll daher ein solches Modell skizziert werden.

2. Die juristische Entscheidung

Es ist zweckmäßig, als Grundstruktur dieses Modells eine solche zu wählen, die möglichst alle juristisch relevanten Handlungsabläufe repräsentiert und die für die jeweiligen Handlungsbereiche durch zusätzliche Differenzierungen verfeinert werden kann. Eine solche Grundstruktur wird in der Struktur des allgemeinen Modells der Entscheidung gefunden. Seine Spezifizierung zum Modell der juristischen Entscheidung wird damit zum Ausgangspunkt für eine im angesprochenen Sinn erweiterte Rechtstheorie[3].

Der Terminus „Entscheidung" entspricht dabei nicht demjenigen, der von der deutschen Rechtsdogmatik, zB im Bereich des Zivilprozeßrechts, verwendet wird: dort bezeichnet „Entscheidung" nur das Ergebnis eines Handlungsablaufs, zB ein Urteil oder einen Beschluß. Hier steht „Entscheidung" für den Handlungsablauf selbst, der bei den die Handlung auslösenden Umständen (input) beginnt und auf die Erarbeitung eines Entscheidungsergebnisses (output) hinzielt. Der Anknüpfungspunkt für Informations- und Sprachwissenschaft liegt hier auf der Hand: input und output der Entscheidung lassen sich als Informationsmengen betrachten, die im Laufe der Entscheidung nach bestimmten Regeln ineinander überführt werden. Soweit es sich um Entscheidungen handelt, die von Menschen getroffen werden, sind diese Informationsmengen nahezu immer mit Hilfe der Sprache realisiert. Sprache ist das Medium, mit dessen Hilfe die entscheidungsrelevanten Informationen übermittelt werden und an dem sich die durch die Entscheidung bedingten Transformationen vollziehen (Ausnahme zB: der Verkehrspolizist, der den Verkehr regelt: der Verwaltungsakt wird durch Handzeichen oder Farbzeichen erlassen).

Die Spezifizierung des allgemeinen Begriffs der Entscheidung zu dem der juristischen Entscheidung erfolgt durch den Begriff der Rechtsnorm: Juristische Entscheidungen sind solche, bei denen sich Rechtsnormen unter den entscheidungsrelevanten Informationen befinden. Dies ist eine sehr weitgehende De-

---

[2] Vgl statt anderer: *Karl Larenz:* Methodenlehre der Rechtswissenschaft. Berlin ua 1960. In der neuesten (3.) Auflage ist diese Identifikation allerdings aufgegeben (vgl S 231).

[3] Am weitesten ist diese These in der BRD ausgearbeitet von *W. Kilian:* Juristische Entscheidung und Elektronische Datenverarbeitung. Frankfurt/Main 1973.

finition. Sie erlaubt vor allem noch nicht die in der traditionellen Rechtstheorie grundlegende Differenzierung von Rechtsanwendung und Rechtssetzung. Dies geschieht aber bewußt: Entgegen der herkömmlichen Lehre (die vor allem der Rechtspositivismus so stark akzentuiert hat) lassen sich diese beiden Entscheidungstypen nicht vollständig mit immanenten Kriterien unterscheiden: Wegen der prinzipiellen „Porösität" (*Waisman*) jeder Rechtsordnung müssen auch im Rahmen der Rechtsanwendung neue, dh nicht ableitbare Rechtsnormen gebildet werden; umgekehrt ist auch die Rechtssetzung stets an vorgegebene Rechtsnormen gebunden, zB die Verfassung oder andere Informationen, die die Beliebigkeit der Rechtssetzung beschränken (womit natürlich nicht die Existenz eines Naturrechts behauptet wird, sondern nur, daß stets Restriktionen irgendeiner Art bestehen). Die beiden Entscheidungstypen unterscheiden sich vielmehr im wesentlichen durch eine unterschiedliche Gewichtung der Rechtsnormen in bestimmten Entscheidungsphasen.

Bevor die Beteiligung von Information und Sprache an der juristischen Entscheidung näher betrachtet werden soll, bedarf der Zusammenhang dieses modellhaften und damit theoretischen Entscheidungsbegriffs mit der (empirisch) nachprüfbaren Realität einer kurzen Klärung. Im Gegensatz zur traditionellen Rechtstheorie wollen die hier behandelten rechtstheoretischen Ansätze nicht im intensionalen Bereich verharren, sondern überprüfbare Behauptungen über das Recht aufstellen und damit auch technisch verwertbare Grundeinsichten vermitteln. Die Verbindung einer Theorie bzw eines Modells mit der Realität wird gewährleistet durch Korrespondenzregeln *(Stegmüller)* über die Zuordnung empirischer Begriffe zu einem oder mehreren Begriffen der Theorie. Als Grundbegriff, der diese Vermittlung leisten kann, könnte der Begriff der „Rechtsinstanz" dienen: empirisch betrachtet, sind das diejenigen gesellschaftlichen Institutionen, deren Autorität zur Rechtssetzung und -anwendung respektiert wird, deren Entscheidungen (im Sinn von Ergebnis) gesellschaftliche Geltung besitzen. Ihre Existenz kann entweder an Hand des Umstands, ob sich die einzelnen Gesellschaftsmitglieder ihren Anordnungen entsprechend verhalten (Wirksamkeitstheorie), oder ob diese ihre Befugnis zum Erlaß solcher Anordnungen grundsätzlich akzeptieren (Anerkennungstheorie), überprüft werden. Die Verknüpfung mit dem hier eingeführten Modell wird dadurch hergestellt, daß als juristische Entscheidungen diejenigen Aktionen juristischer Instanzen interpretiert werden, die Bezug zu ihrer autoritativen Rolle haben. Die juristischen Entscheidungen sind dann diejenigen Aktionen von oder in juristischen Instanzen, die gleichzeitig zu Rechtsnormen in irgendeiner Relation stehen – sei es dadurch, daß sie diesen zur Durchsetzung verhelfen, normwidriges Verhalten sanktionieren, Rechtsnormen setzen oder planen.

3. Informationswissenschaft und Recht

Zunächst zur Bezeichnung der Wissenschaftsdisziplin selbst: Die wissenschaftliche Beschäftigung mit der Information setzte, wenn man (was leider traditionellerweise geschieht) die bereits lange vorher existierende philosophische Beschäftigung mit dem Begriff des Zeichens (zB *Leibniz, Lambert, Frege, Morris, Pierce)* außer acht läßt, um das Jahr 1940 ein, als etwa zur gleichen Zeit *Kolmogorov* in der Sowjetunion bzw *Shannon* und *Weaver* in den USA die statistischen Gesetzmäßigkeiten der Nachrichtenübermittlung erforschten. Im Rahmen dieser Forschungen wurde der Informationsbegriff auf den statistischen Begriff des wahrscheinlichen Eintreffens eines bestimmten (Zeichen-)Ereignisses beschränkt. Die sich aus diesem Ansatz entwikkelnde Wissenschaftsdisziplin heißt in der BRD „Informationstheorie".

Etwa parallel zur Ausarbeitung der Informationstheorie läuft die Erforschung der Möglichkeiten des Baus und der Anwendung von Elektronischen Datenverarbeitungsanlagen. Diese Disziplin heißt in der BRD „Informatik". Auch hier nimmt der Informationsbegriff eine zentrale Stelle ein, jedoch ebenfalls mit der spezifisch informationstheoretischen Beschränkung.

Diese Beschränkung wird dem Phänomen Information allerdings nicht gerecht: sie klammert den wesentlichen Teil der Funktion der Information, nämlich sowohl die Beziehung des die Information übertragenden Zeichens zu den Verwendern als auch deren Beziehung zu den Sachverhalten, auf die hin sich die Verwender vermittels der Information orientieren, aus. Dieser Mangel machte sich zuerst in einer Wissenschaftsdisziplin bemerkbar, die schon immer mit dem Phänomen der Information konfrontiert war: den Dokumentationswissenschaften. Mit dem Problem befaßt, einem beliebigen Fragesteller aus einer vorgegebenen Menge von Dokumenten dasjenige herauszusuchen, das seinen Informationsbedürfnissen am weitesten entgegenkommt, mußte man zum Inhalt der Information Stellung nehmen und diesen Inhalt in Relation zum jeweiligen Bedürfnis des Fragestellers setzen. Sich diesen abstrakten Fragen zuwendend, entwickelt sich die Dokumentationswissenschaft zur „Informationswissenschaft" (in den sozialistischen Ländern: „Informatik"; in den USA: „information sciences")[4].

Gerade der Informationsbegriff der Informationswissenschaft ist für die Rechtstheorie sehr fruchtbar. Hier stellt die Information eine Struktur stofflicher Geblide oder energetischer Prozesse dar, die einen Sachverhalt repräsentiert. Die Identifizierung dieses Sachverhalts wird dadurch möglich, daß die Strukturen invariant gehalten werden (Zeichen).

Damit lassen sich die bekannten semiotischen Betrachtungsebenen auf die Information übertragen: man kann den syntaktischen, den semantischen und den pragmatischen Aspekt der Information unterscheiden. Für die Verwendung des Informationsbegriffs im sozialwissenschaftlichen Bereich ist die primäre Frage die nach dem Stellenwert, den die Information im jeweiligen Kommunikationszusammenhang hat; ist diese Stellung geklärt, können die einzelnen Informationen daraufhin untersucht werden, welche Sachverhalte sie repräsentieren. Erst dann erscheint eine Untersuchung auf syntaktischer Ebene

---

[4] Vgl zur Begriffsbildung *W. Kunz; H. Rittel:* Die Informationswissenschaften. München 1972. Zur Informationswissenschaft im Recht: *W. Steinmüller:* Gegenstand, Grundbegriffe und Systematik der Rechtsinformatik. Ansätze künftiger Theoriebildung. In: DVR 1 (1972), 113–148.

sinnvoll: denn erst jetzt ist entschieden, welche Funktion die Information überhaupt hat und ob die im Augenblick geforderte Funktion durch die gerade übermittelte Information erfüllt wird.

Die Information erfährt also im vorliegenden Zusammenhang genau die umgekehrte Reihenfolge des Interesses wie in der herkömmlichen Informationstheorie. Von primärem Interesse ist die pragmatische Ebene, erst nach ihrer Klärung wird die semantische interessant. Die syntaktische stellt letztlich nur die mechanische Realisierung bestimmter vorher geprägter Intentionen dar[5].

Daraus erklärt sich, daß die Bedeutung der Einbeziehung informationswissenschaftlicher Aspekte in die Rechtstheorie vor allem auf dieser pragmatischen Ebene liegt.

So gesehen, wird die Information in erster Linie in eine funktionale Beziehung zum Verhalten informationsverarbeitender Systeme gebracht. Sie erscheint als reale Größe, deren jeweiliger Wert im übermittelten Sachverhalt besteht. In der BRD hat sich eingebürgert, nicht von Information, sondern von Informationen zu sprechen, die sich wie einzelne Objekte voneinander abgrenzen lassen und die ganz ähnlich wie reale Gegenstände behandelt werden.

Welche Funktionen von Informationen erfüllt werden können, läßt sich an Hand eines systemtheoretischen Regelungsmodells zeigen, das eine Weiterentwicklung des kybernetischen Regelkreismodells darstellt. Ein solches Regelsystem besteht aus zwei Subsystemen, Regler und Regelstrecke, die informationell miteinander gekoppelt sind. Das informationswissenschaftlich bedeutendere Subsystem ist der Regler, dessen Funktion in der Stabilisierung bestimmter Größen in der Regelstrecke (Regelgrößen) liegt.

Die Erfüllung dieser Funktion erfordert, daß der Regler derart mit der Regelstrecke gekoppelt ist, daß ihm der Wert der Regelgröße jederzeit bzw zu diskreten Zeitpunkten gewärtig ist. Dies wird erreicht durch Informationen über den jeweiligen Wert der Regelgröße. Läßt man zu, daß die Regelgröße eine komplexe Größe ist, so werden sich diese Informationen auf einen ganzen Sachverhalt beziehen, der – da ja der tatsächliche Wert übertragen werden soll – eine Tatsache (Faktum) darstellt: faktische Informationen. Auf Grund der faktischen Informationen hat der Regler die Einhaltung des jeweiligen Sollwertintervalls zu gewährleisten. Dazu müssen die Sollwertintervalle vorher festgelegt sein. Auch diese Festlegung erfolgt, wenn sie von außen vorgenommen wird, durch Informationen, die nunmehr einen normativen Gehalt haben.

Die traditionelle Kybernetik läßt es mit der Feststellung bewenden, daß dem Regler ein Sollwert vorgegeben werden muß. Diese Vorstellung ist für rechtliche Zusammenhänge zu einfach. Eine nähere Betrachtung zeigt nämlich, daß der Regler neben Informationen über die Sollwerte auch über ein Programm verfügen muß, das ihm die Auswahl einer optimalen Stellgröße aus dem vor-

[5] Zur elementaren Begriffsbildung in der Informationswissenschaft: *G. Wersig:* Informationssoziologie. Frankfurt/M. 1973.

liegenden Repertoire an Stellgrößen erlaubt. Dieses Programm ist dem Regler zwar vorgegeben, bei komplexeren Reglern muß aber dieses Programm selbst auch änderbar sein: jeder Regler dieses Komplexitätsgrades muß demnach über zwei Eingänge von normativen Informationen verfügen: über solche, die das Programm für die Regelung übermitteln (präskriptive Informationen), und solche, die die Sollwerte übermitteln, die jeweils an die entsprechenden variablen Positionen des Programms zu setzen sind (evaluative Informationen).

Das Verhältnis zwischen präskriptiven und evaluativen Informationen ist nicht eindeutig festgelegt. Die präskriptiven Informationen (das „Regelungsprogramm") können so gewählt sein, daß der Regler bestimmte Stellgrößen unmittelbar in Abhängigkeit des Istwerts (der faktischen Informationen) auswählt und emittiert. Der Sollwert ist in diesem Fall im System nicht explizit repräsentiert, er ergibt sich vielmehr erst als Konsequenz aus dem Erfolg der Stellmaßnahme; eigene evaluative Informationen sind nicht nötig. Solche „Konditionalprogramme" haben gerade im Recht große Bedeutung. Andererseits können die präskriptiven Informationen so gewählt sein, daß der Regler im Zusammenhang eines konkreten Regelungsprozesses selbst erst zusätzliche evaluative Informationen setzen muß. Er unterliegt in diesem Fall durch die vorgegebenen evaluativen Informationen nur bestimmten Restriktionen, innerhalb derer er frei setzen kann. Solche „Finalprogramme mit Normsetzungsbefugnis" finden sich ebenfalls in rechtlichen Systemen, zB bei den Ermächtigungen zum Erlaß von Durchführungsverordnungen zu Gesetzen.

Bei komplexeren Reglern reichen die jeweils in einer bestimmten Situation ermittelten faktischen Informationen zur Auswahl der Stellgröße nicht aus. Es müssen vielmehr auch Informationen darüber vorliegen, wie sich einzelne Stellmaßnahmen bereits ausgewirkt haben, oder auch über bestimmte Gesetzmäßigkeiten des Verhaltens der Regelstrecke. Diese faktischen Informationen, die für im Einzelfall noch nicht voraussehbare Entscheidungssituationen vom Regler zur Verfügung gehalten werden müssen, könnte man als virtuelle Informationen bezeichnen.

Auch die Stellgröße selbst stellt in der Regel eine Information dar. Diese Informationen haben ebenfalls normativen Gehalt: sie sollen das Verhalten der Regelstrecke beeinflussen. Dabei wiederholt sich die Differenzierung der normativen Informationen in präskriptive und evaluative: je nachdem, welche interne Struktur die Regelstrecke besitzt. Besteht sie, wie zB die menschliche Gesellschaft, aus einzelnen selbstgeregelten Systemen, so werden in der Regel evaluative Informationen das geeignetere Mittel darstellen (es wird nur ein Ziel angegeben, das erreicht werden soll; der konkrete Weg dorthin wird vom Individuum selbst gefunden). Aber gerade das Beispiel einer Rechtsordnung zeigt, daß auch in diesem Fall präskriptive Informationen von Nutzen sind, um einen möglichst gleichmäßigen Verhaltensspielraum bei vielen betroffenen selbstregelnden Individuen zu gewährleisten[6].

Die Verhaltensstruktur eines Reglers ist identisch mit der allgemeinen Struktur von Entscheidungen. Mit den hier eingeführten Begriffen läßt sich dann jede Entscheidung darstellen als Verarbeitung einer Menge von input-Informationen in eine output-Information. Soll die Entscheidung – und dies wird im Recht stets vorausgesetzt – eine regulative Funktion haben, entsprechen die Informationsmengen, die in die Entscheidung eingehen, den Informationsmengen, die abstrakt für einen Regler zur Verfügung stehen müssen. Der Entscheidungsoutput entspricht dann dem output des Reglers.

Somit sind folgende Informationsmengen für die Entscheidung relevant: die faktischen Informationen, die das entscheidende System (Entscheider) aus der Umwelt aktuell erhält (initiierende faktische Informationen), die präskriptiven Informationen, die die exakte Verarbeitung der obigen Information steuern, die evaluativen Informationen, die über das durch die Entscheidung angestrebte Ziel informieren (sie können bei entsprechend konditionaler Gestaltung der präskriptiven Informationen entfallen), sowie die virtuellen Informationen, über die der Entscheider zur rationalen Auswahl der Alternativen zusätzlich verfügen muß. Die letzte Gruppe von Informationen ist in der Regel bereits beim entscheidenden System gespeichert: zumindest ist dies zu fordern, wenn die Entscheidung schnell vollzogen werden soll[7].

Bei jeder Entscheidung kann man zwei verschiedene Phasen unterscheiden: die erste Phase, in der die entscheidungsrelevanten Informationen zusammengestellt werden („Zusammenstellung des Entscheidungssatzes"), die zweite Phase, in der diese Informationen entsprechend vorgegebenen präskriptiven Informationen verarbeitet werden. Das Hauptgewicht eines jeden komplexeren Entscheidungsprozesses liegt in der ersten Phase: die zweite Phase kann uU einen großen Rechenaufwand mit sich bringen, ihr Ergebnis ist jedoch durch die in den Entscheidungssatz eingebrachten Informationen determiniert.

Die juristische Entscheidung wurde so definiert, daß sie durch den Anteil gekennzeichnet ist, den Rechtsnormen unter den einschlägigen Informationsmengen haben. Es ist offensichtlich, daß die Rechtsnormen im wesentlichen in den normativen Informationsmengen vorkommen. Da heute die meisten Rechtsordnungen durch Konditionalnormen bestimmt sind, handelt es sich um einen Teil der präskriptiven Informationen. Daneben sind aber einige Rechtssätze, insbesondere zB bestimmte grundsätzliche Wertfestsetzungen in den Verfassungen, den evaluativen Informationen zuzuordnen. Diese Trennung

---

[6] Diesem Aspekt hat sich vor allem die rechtskybernetische Literatur in den sozialistischen Ländern zugewandt. Vgl zB *M. Posch:* Funktion und Struktur des Rechtssystems im gesellschaftlichen Regelprozeß. In: Staat und Recht 16 (1967), 1700–1718.

[7] Hierzu und zum folgenden vgl. *C. Eberle; H. Garstka:* Die juristische Entscheidung. In: ADV und Recht. Einführung in die Rechtsinformatik und das Recht der Informationsverarbeitung (herausgegeben von *W. Steinmüller).* Berlin 1975. Zum informationswissenschaftlichen Modell der Entscheidung vgl *W. Kirsch:* Entscheidungsprozesse. 3 Bände. Wiesbaden 1970 ff.

mag in der Praxis keine Rolle spielen. Sie gewinnt aber zunehmend an Bedeutung, je mehr die Automation im Bereich der juristischen Entscheidung fortschreitet. Insbesondere deswegen, weil beim heutigen Stand der Technik und der Theorie der EDV-Anlagen nur eine Automatisierung konditionierter Entscheidungsprozesse, nicht aber solcher Prozesse möglich ist, bei denen evaluative Informationen eine Rolle spielen.

Die Differenzierung zwischen Rechtssetzung und Rechtsanwendung zeigt sich bei der Relevanz zweier Informationsmengen: Bei der Art des inputs und der Art des outputs. Definitionsgemäß werden bei der Rechtssetzung Informationen in Form von (generellen) Rechtsnormen emittiert, bei der Rechtsanwendung dagegen individuelle Anordnungen. Der input bei Rechtsanwendungsprozessen besteht im wesentlichen aus Informationen über gesellschaftliche Verhältnisse, dazu gehören auch Informationen über die Wirkungsweise und die Auswirkungen des bisherigen Rechtssatzsystems. Hier treten in der Regel auch Informationen aus eigenen Speichern hinzu, zB statistische Daten, die speziell zum Zweck der Gesetzgebung ermittelt und gespeichert wurden. Der input bei der Rechtsanwendung besteht in Informationen über bestimmte individuelle Verhältnisse, meist über einen individuellen Tatsachenkomplex, der oft von Einzelpersonen selbst an das entscheidende System herangebracht wird. Virtuelle Informationen treten seltener hinzu, da die meist konditional bestimmte Programmierung einen Rückgriff auf evaluative Informationen überflüssig macht.

In der Praxis werden diese Überlegungen heute am relevantesten beim Aufbau von Informationssystemen für juristische Entscheidungen. Unter einem Informationssystem wird ein informationsverarbeitendes System verstanden, dessen Funktion darin besteht, Informationen zu speichern und bei Bedarf Entscheidern zur Verfügung zu stellen. Ihre Notwendigkeit ergibt sich daraus, daß es in der Regel nicht möglich ist, bei komplexeren Entscheidungen alle benötigten Informationen aktuell zu ermitteln, bei virtuellen Informationen ist dies von vornherein nicht möglich. Dem Informationsbedürfnis des Entscheiders steht also nicht die Fähigkeit gegenüber, die benötigten Informationen jederzeit am Entstehungsort zu ermitteln, sondern er muß auf Speicher zurückgreifen, die ihm die benötigten Informationen liefern. Da im Falle der juristischen Entscheidungen (dies gilt ebenso bei Entscheidungen in anderen gesellschaftlichen Bereichen, zB in der Ökonomie oder in der Medizin) die Menge der angebotenen Informationen so groß und das Informationsbedürfnis in bestimmten Situationen so spezifisch ist, haben sich im Laufe der Entwicklung selbständige Systeme herausgebildet, deren Funktion in der Befriedigung dieses Informationsbedürfnisses liegt. Eine hergebrachte Form eines solchen Informationssystems ist die Bibliothek. Sie wird beim gegenwärtigen Stand der gesellschaftlichen Entwicklung abgelöst oder ergänzt durch Informationssysteme, die mit Hilfe Elektronischer Datenverarbeitungsanlagen realisiert sind („Datenbank").

---

[8] Vgl grundsätzlich zu Informationssystemen im Recht: Das juristische Informationssystem (herausgegeben vom Bundesministerium der Justiz). Karlsruhe 1972.

Diese Systeme haben den Vorzug, daß sie den mechanischen Teil der Recherchearbeit (die im Rahmen der Zusammenstellung des Entscheidungssatzes anfällt) selbsttätig übernehmen: der Entscheider braucht nur die Entscheidungssituation (zB mit Hilfe von Indices) zu bezeichnen, der Automat wählt dann die treffenden Informationen aus und stellt sie dem Entscheider zur Verfügung.

Informationssysteme sind entsprechend den unterschiedlichen Informationstypen verschieden aufzubauen. So wird in juristischen Dokumentationssystemen die Menge der in juristischen Entscheidungen relevanten normativen Informationen gespeichert, die sowohl bei Rechtssetzung als auch bei Rechtsanwendung relevant sind. Im Bereich der Rechtssetzung sind zusätzliche Informationssysteme für faktische Informationen notwendig, die Voraussetzung für die Auswahl des outputs aus den verschiedenen Entscheidungsalternativen, bewertet an vorgegebenen evaluativen Informationen (Verfassung, Rahmenpläne), sind. Diese Informationssysteme werden die Sammlungen von Zensusdaten ablösen, die bisher oft einzige rationale Grundlage für die Entscheidungen des Gesetzgebers waren.

Auf dem Gebiet der öffentlichen Verwaltung ist der Aufbau von Informationssystemen für faktische Informationen am weitesten fortgeschritten: die Verwaltung sehr großer Informationsmengen scheint zum Hauptproblem der öffentlichen Verwaltung in einem modernen Staat zu werden. Sehr umstritten ist in der BRD, ob Informationssysteme, die der Justiz zur Verfügung gestellt werden, ebenfalls faktische Informationen („Sozialdaten") enthalten sollen. Wer der Meinung zustimmt, daß auch im Verlauf der Rechtsanwendung neue Normen gesetzt werden müssen, für den kann es keinen Zweifel geben, daß der Richter ebenfalls wie der Gesetzgeber über zusätzliche faktische Informationen, zB statistischer Art, verfügen muß, um seine Entscheidung so rational wie möglich zu gestalten.

4. Sprachwissenschaft und Recht

Die eben angestellten Überlegungen zeigen, daß die Informationswissenschaft im wesentlichen funktional argumentiert, dh sie setzt bestimmte Phänomene (Informationsmengen) in ein zweckbestimmtes Verhältnis zu Entscheidungssystemen. Ihre Ergebnisse sind im wesentlichen klassifikatorischer Art, und sie leistet damit einen Beitrag zur Organisation von Informationsverarbeitungsprozessen in bestimmten gesellschaftlichen Teilbereichen, zB dem Recht.

Will man diese Ebene überschreiten und auch Regeln dafür angeben, wie im konkreten Fall mit einer bestimmten Informationsmenge verfahren wird bzw verfahren werden sollte, dann erfordert dies die Analyse der durch die jeweilige Information übermittelten Inhalte. Dies kann und will die Informationswissenschaft nicht leisten. Dies kann vielmehr nur eine Disziplin, die in der Lage ist, die Semantik der beteiligten Informationen hinreichend zu analysieren: die Sprachwissenschaft.

Die Sprache ist dasjenige Zeichensystem, mit dessen Hilfe sich die Kommunikation im menschlichen Bereich im wesentlichen abspielt, mithin auch im

Bereich der Rechtswissenschaft und des Rechts. Allerdings kann im Rahmen der hier geforderten Rechtstheorie nur eine solche wissenschaftliche Beschäftigung mit der Sprache relevant werden, die den hier erhobenen Anspruch an Rationalität und Operationalisierbarkeit erfüllt. Die moderne Linguistik, die sich von einer historisierenden und normierenden Beschäftigung mit der Sprache abgewandt hat und ihr Augenmerk auf die Erforschung der formalen Bildungsregeln für sprachliche Ausdrücke richtet, erfüllt diesen Anspruch. Sie kann daher als eine der in Zukunft wichtigsten Hilfsdisziplinen der Rechtstheorie betrachtet werden.

Sie macht damit einer Disziplin den Platz streitig, die bereits seit langem in die Rechtstheorie eingeführt ist: der Logik. In der Tat hat man lange Zeit geglaubt, mit Hilfe der Logik genau die Probleme lösen zu können, die hier angeschnitten worden sind. Es zeigt sich jedoch, daß die Logik dies aus zwei Gründen nicht leisten kann: die Logik ist zum einen zu ausdrucksschwach; die wenigen Funktoren, die bisher in die Kalküle eingeführt sind, sowie die Allgemeinheit ihrer Schlußregeln erlauben nicht, die in juristischen Entscheidungen relevanten Zeichenmengen so aufeinander zu beziehen, wie dies für deren Operationalisierung notwendig wäre; zum anderen setzen die logischen Schlüsse voraus, daß die bisher nur sprachlich vorliegenden Ausdrücke in den Formalismus der Logik übersetzt werden: ein Aufwand, der angesichts der Komplexität juristischer Entscheidungen nicht jedesmal geleistet werden kann.

Die moderne Linguistik hat nun (nicht entgegen der Logik, sondern auf ihr aufbauend) das Regelreservoir erheblich erweitert, so daß man (dies ist zumindest die Zielvorstellung) in der Lage ist, einen beliebigen Satz einer natürlichen Sprache formal zu rekonstruieren; das Umgekehrte gilt von der Analyse eines Satzes auf eine kanonisierte Grundstruktur. Durch die Erweiterung der Operationsregeln durch ein Korpus von Zuordnungen verschiedener Zeichengebilde zueinander sowie zu Gegenständen in der Welt (Lexikon) ist man in der Lage, die Operationen unmittelbar am sprachlich formulierten Satz und nicht erst an einer manuell gewonnenen Formelreihe durchzuführen[9].

Umstritten ist, von welcher sprachlichen Grundeinheit man auszugehen habe, dh welche Gebilde mit Hilfe der Regeln darstellbar sein müssen. Herkömmlicherweise war dies der (grammatische) Satz. Die Analyse bzw Synthese bis auf diese Einheit genügt jedoch nicht. Kommunikation findet nicht mit Hilfe isolierter Sätze statt, sondern mit Hilfe von Texten, die einen geschlossenen Bedeutungszusammenhang repräsentieren. Dies ist ganz offenbar bei den sprachlichen Gebilden, die in der Rechtstheorie zu behandeln wären (Gesetz, Urteil, Aufsatz). Die Konstruktion von Texten aus Sätzen impliziert eigene Regeln, deren Erkennen für das „Verstehen" wesentlich ist. Wenngleich man im Augenblick von der Formulierbarkeit dieser Regeln noch weit entfernt ist,

---

[9] Vgl zur neueren Linguistik allgemein: *J. Lyons:* Introduction to Theoretical Linguistics. Cambridge 1972.

erscheint für die Rechtstheorie nur eine solche Linguistik relevant, die die Einheit des Textes im Auge behält[10].

Ein für die rechtstheoretischen Forschungen sehr bedeutsames Problem, das nur textlinguistisch gelöst werden kann, ist zB die Regelbeziehung im Verhältnis zwischen Frage und Antwort: die elementare Frage, die es zu lösen gilt, wenn für das Bedürfnis eines juristischen Entscheidungssystems die relevanten Informationen aus einem Informationssystem wiederzugewinnen sind. Auf dieser theoretischen Basis lassen sich die oben bei der Analyse des Entscheidungsprozesses angeschnittenen Problembereiche neu formulieren. Auf der sprachlichen Ebene besteht jede Entscheidung darin, die entscheidungsrelevanten Informationen zu einem Entscheidungssatz zusammenzuführen und dann mit Hilfe bestimmter Regeln aus den so zusammengestellten Informationen das Entscheidungsergebnis zu formulieren. Wenn alle Informationen, die in eine Entscheidung eingehen, die Form von (sprachlichen) Texten haben, lassen sich die beiden Entscheidungsphasen linguistisch folgendermaßen problematisieren:

(1) Welche Regeln erlauben es, in einer durch einen bestimmten Text beschriebenen Entscheidungssituation aus einer Menge von normativen und faktischen Texten diejenigen herauszusuchen, die für die Entscheidung in dieser Situation relevant, dh von Einfluß auf die zu erwartende Entscheidung sind?

(2) Welche Regeln bestimmen, wie zwei Textmengen so zueinander in Beziehung gesetzt werden können, daß das Ergebnis dieser Inbezugsetzung erlaubt, einen neuen Text (Entscheidungsergebnis) zu generieren?

Die Lösung dieser Probleme ist äußerst schwierig und aufwendig. Die Rechtstheorie kann sich eine Lösung nur in ferner Zukunft erhoffen. Im Augenblick müssen die Forschungen an einem extrem beschränkten Korpus durchgeführt werden, zB einem einzigen Gesetzessatz und einer Sachverhaltsbeschreibung, die aus einem Satz besteht; die Ergebnisse müssen dann schrittweise auf zunehmend größere und komplexere Bereiche ausgedehnt werden[11].

Neben diesen unmittelbar auf die hier angesprochenen Probleme bezogenen Forschungsintentionen kann die Linguistik bei einer Lösung einer großen Zahl anderer rechtstheoretischer Probleme wichtig sein, für die abschließend noch einige Beispiele angeführt werden sollen.

1. Eine wichtige Beziehung im juristischen Entscheidungsprozeß ist die Beziehung desjenigen Systems, das juristische Informationen in Form eines

---

[10] Vgl zur Textlinguistik: *T. A. van Dijk:* Some Aspects of Text Grammars. Den Haag 1972. Zur These, daß nur Textlinguistik die rechtstheoretischen Ansprüche befriedigen kann, vgl. *P. Hartmann:* Sprachwissenschaft und Rechtswissenschaft: In: Rechtstheorie 1 (1970), 45–68.

[11] Vgl zu ersten Versuchen, die Linguistik entsprechend zu nutzen: Paraphrasen juristischer Texte (herausgegeben von *D. Rave, H. Brinckmann, K. Grimmer).* Darmstadt 1971. Ferner: Syntax und Semantik juristischer Texte (herausgegeben von denselben). Darmstadt 1972. Rechtstheorie u. Linguistik (herausgegeben von *H. Brinckmann; .K Grimmer).* Kassel 1974.

Textes emittiert, mit dem System, das auf den Empfang dieses Textes mit einem bestimmten Verhalten reagiert.

Die intendierte Regelung setzt voraus, daß die Adressaten die emittierten Texte verstehen können. Die Sprache normativer Texte muß Entsprechungen zur Sprache der Normadressaten aufweisen. Das Verhältnis zwischen der juristischen Fachsprache und der Umgangssprache rückt damit in den Mittelpunkt des Interesses. Diskrepanzen, die zwischen diesen beiden Sprachformen bestehen können, können den Regelungserfolg beeinträchtigen. Sie können aber auch eine bestimmte Funktion im Hinblick auf die juristische Entscheidung haben (zB Gewährleistung der Offenheit des Rechts). Die Sprachwissenschaft kann das Verhältnis der beiden Sprachformen in formale Regeln bringen.

2. Die einzelnen Rechtsinstanzen einer Gesellschaft stehen in einem vielfach verflochtenen Zusammenhang. Auch dieser Zusammenhang kommt durch den Austausch von Texten zustande. Diese Texte können völlig der juristischen Fachsprache entstammen, da auch die Adressaten dieser Fachsprache mächtig sind. Dies erlaubt zweierlei: einen bedeutend höheren Grad an Exaktheit, da Termini definiert werden können ohne Rücksicht auf natürlich entstandene Sprachgewohnheiten: der „Rechtsstab" verfügt über Möglichkeiten, neu eingeführte Termini sofort dem gesamten Adressatenkreis zugänglich zu machen. Zum zweiten können ökonomische Termini definiert werden, die den Austausch längerer Texte erübrigen; an ihre Stelle werden „Codewörter" gesetzt. Die dabei erzielte Entlastung der Kommunikation zwischen den Rechtsinstanzen läßt sich auch syntaktisch messen und ist ein bedeutendes Kriterium für die Rationalisierung innerhalb des Entscheidungssystems.

3. Die Linguistik erlaubt auch die Formulierung von Regeln, die man bisher der Logik zugeordnet hat: Regeln dafür, wie in einem Normsetzungsverfahren die Vereinbarkeit einer geplanten Regelung mit vorgegebenen Normen untersucht werden kann (Konsistenzprüfung bei Gesetzen); Regeln für die Untersuchung des „Innovationsgrades" bei Gerichtsentscheidungen und neuen Meinungen in der Wissenschaftlichen Literatur. Hier eröffnet sich uU vermittels linguistischer Methoden die Möglichkeit, nachzuweisen inwieweit in einer Entscheidung Normsetzung stattgefunden hat und inwieweit lediglich vorgegebene Normen wieder eingesetzt wurden.

4. Die Sprachwissenschaft kann auch die Frage der Aufbereitung der faktischen Informationen, die in eine juristische Entscheidung eingehen, in ein neues Licht stellen. Die Formulierung der Sachverhalte, die der rechtlichen Regelung zugrunde zu legen sind, kann nicht unabhängig von juristischen Texten gesehen werden, auf die hin die Sachverhalte formuliert werden. Das heißt, es finden stets Anpassungen der sprachlichen Formen juristischer Texte und von Sachverhaltsbeschreibungen statt. Die Abhängigkeiten dieser Formulierungen könnten durch linguistische Verfahren theoretisch dargestellt werden.

Dies führt zu einer weiteren Frage, deren Beantwortung mittels sprachwissenschaftlicher Forschungen ermöglicht wird: Kann ein spezifisch juristisches

Lexikon erstellt werden, mit dessen Hilfe beliebige Sachverhalte eindeutig formuliert werden können? Sollte eine solche Normierung (vor allem in bestimmten Teilbereichen, zB dem Straßenverkehrsrecht) möglich sein, wäre ein theoretischer Ausgangspunkt für die Automation der Entscheidungen in diesem Bereich gewonnen.

Zusammenfassung

Informationswissenschaft und Sprachwissenschaft werden, insbesondere im Zusammenhang mit dem Einsatz Elektronischer Datenverarbeitungsanlagen, als Methoden der Exaktifizierung der Rechtstheorie betrachtet. Sowohl die informationswissenschaftliche als auch die sprachwissenschaftliche Analyse setzt an am Phänomen der juristischen Entscheidung, die als spezifischer Informationsverarbeitungsprozeß bzw Textverarbeitungsprozeß unter Beteiligung von Rechtssätzen verstanden wird. Die Informationswissenschaft ist in der Lage, die verschiedenen an der Entscheidung beteiligten Informationsmengen zu klassifizieren und in einen funktionalen Zusammenhang zur Entscheidung zu bringen. Die Sprachwissenschaft intendiert, formale Regeln für den Umgang mit diesen in Texten repräsentierten Informationsmengen zu entwickeln. Sie kann darüber hinaus auch bei verschiedenen weiteren Problemen der Rechtstheorie Fortschritte bringen.

Summary

Information science and linguistics are – especially in connection with EDP-employment – considered as methods improving exact argumentation in legal theory. Both preceed from a special concept of legal decision which is defined as information or textual processing restrained by legal sentences. Information science classifies the concerned sets of informations and elaborates their functional relations to legal decision. Linguistics intend to develop formal rules for textual processing in legal contexts, thus improving the solution of a series of problems in legal theory.

Walter Popp und Bernhard Schlink

Artificial Intelligence (AI) in der Rechtsinformatik – Stationen einer Forschungsreise in Nordamerika

Übersicht

0 Vorbemerkung

Die Forschungsreise, deren Stationen hier berichtet werden, wurde im Herbst und Winter 1974/75 unternommen. Unser Projekt JUDITH[1] war zu einem Stadium gediehen, in dem die Weiterarbeit ohne einen intensiven Austausch mit den Wissenschaftlern in Nordamerika, die an ähnlichen Projekten arbeiten, nicht mehr sinnvoll erschien. Durch die Unterstützung von DAAD und DFG wurde dieser Austausch möglich.

Der Bericht soll nicht nur über den Ertrag informieren, den die Forschungsreise für die Weiterentwicklung unseres Projekts JUDITH hat. Soweit dieser Ertrag in für uns wichtigen programmtechnischen Details bestand, könnte er

---

[1] Vgl. *W. Popp* und *B. Schlink*, JUDITH. Konzept und Simulation eines dialogischen Subsumtionshilfeprogramms mittleren Abstraktionsgrades, in: *D. Suhr* (Hrsg), Computer als juristischer Gesprächspartner, Berlin 1970; JUDITH, A Computer Program to Advise Lawyers in Reasoning a Case, JJ 15 (1975), 303–314; Skizze eines intelligenten juristischen Informationssystems, DVR 4 (1975), 1–29. Zwischen dem letztgenannten, vor dem Amerikaaufenthalt entstandenen Aufsatz und dem vorliegenden Bericht besteht ein enger thematischer Zusammenhang. Der Aufsatz stellt erste Überlegungen zur Bedeutung der AI-Forschung für die Rechtsinformatik an, in Auseinandersetzung besonders auch mit der deutschen Literatur, auf die der Bericht nicht mehr eingeht.

ein allgemeineres Interesse ohnehin nicht beanspruchen. Wir wollen auch und gleichberechtigt über die Anregungen berichten, die allgemein der Rechtswissenschaft von der AI-Forschung zukommen können. Uns scheint, daß der AI-Forschung im Recht die Bedeutung eines Schnittpunktes zwischen Rechtstheorie, Rechtsmethodologie und Rechtsinformatik gebührt.

Der Untertitel soll keinen Verzicht auf eine Systematik des Berichts anzeigen. Immerhin haben wir versucht, die Systematik locker genug zu halten, um Hinweisen auf Forschungsinstitutionen und Wissenschaftlern Raum zu geben, die für den Leser von Interesse sein können. – Wir ergreifen die Gelegenheit, allen unseren Gesprächspartnern in Nordamerika sowie der DFG und dem DAAD herzlich zu danken.

1 Das Umfeld naturwissenschaftlich-technisch angewandter AI-Forschung (Stanford)

1.1 Rechtsinformatik und AI-Forschung in Stanford

Seinen besonders guten Ruf auf dem Gebiet der Rechtsinformatik hat *Stanford* nicht etwa dadurch erworben, daß Forschungs- und Lehrprogramme zur Rechtsinformatik hier in besonders großem Rahmen institutionalisiert wären. Grund für den guten Ruf ist eine informell eingespielte mehr als eine institutionell vorgezeichnete Zusammenarbeit zwischen Law School, Computer Science Department, Artificial Intelligence Laboratory (AI Laboratory) und Stanford Research Institute (SRI). Diese Zusammenarbeit im Umfeld naturwissenschaftlich-technisch angewandter AI-Forschung bietet für rechtsinformatische Forschungen besonders günstige Bedingungen.

Die Stanford Law School hat seit 1967 ihr von IBM gefördertes Law and Computer Program, in dessen Rahmen die Stelle eines Law and Computer Fellow eingerichtet und mehrere Tagungen abgehalten wurden. 1972 fand ein Workshop in Computer Applications to Legal Research and Analysis[2] und 1973 eine Conference on Computers, Society and Law: The Role of Legal Education[3] statt. 1975 veranstaltete die Law School einen Sommerkurs, in dem Rechtslehrer anderer Universitäten in das Law and Computer Field eingeführt und mit Grundkenntnissen für Forschung und Lehre in diesem Gebiet ausgestattet wurden. Ebenso vielseitig wie die Veranstaltungen waren und sind die Interessen der Law and Computer Fellows. Sie gelten Rechtsfragen, die bei Herstellung, Verkauf, Leasing und Gebrauch des Computers entstehen, gelten dem Einsatz des Computers zum information retrieval, zur Erleichterung von Rechtsanwendung und zur Analyse von Rechtsproblemen. Sie werden je nach Wunsch des

---

[2] Ein Tagungsbericht, Artificial Intelligence in Legal Problem Solving, Stanford 1973, mit ausgewählten Referaten, teilweiser Wiedergabe der Diskussionen und einem Vorwort von *J. E. Leininger* kann von der Stanford Law School, Stanford, California 94305, bezogen werden.

[3] *J. E. Leininger, B. Gilchrist* (Hrsg), Computers, Society and Law: The Role of Legal Education, Proceedings of the AFIPS/Stanford Conference June 1973, Montvale, New Jersey 1973.

Fellow von diesem entweder nur in Forschungen oder auch im Angebot von Seminaren verfolgt[4].

Unter diesen Aktivitäten an der Law School stoßen besonders diejenigen auf Interesse im Computer Science Department, AI Laboratory und SRI, für die sich der Gebrauch von AI-Techniken anbietet. AI-Forschung, mit der Entwicklung ihrer Konzepte über deren Erprobung weit hinausgeschossen, ist an deren Anwendung und dabei auch an der Bearbeitung von Rechtsproblemen interessiert. So nahmen am Workshop in Computer Applications to Legal Research and Analysis Angehörige des Computer Science Department und AI Laboratory teil[5], entstanden ein Programmpapier über AI im Recht in Zusammenarbeit[6] und das TAXMAN-Programm im Austausch von Juristen und AI-Spezialisten[7].

Ein Anliegen der AI-Forschung ist es, Systeme für die Behandlung komplexer Probleme zu entwickeln, bei denen das Programm von allem Fachwissen entlastet und dieses ganz in den Daten untergebracht ist. So erhalten Programme zur Analyse chemischer Verbindungen, zur Ermittlung medizinischer Therapieanweisungen, zur Beratung bei mechanischen Reparaturvorgängen oder eben auch zur Entwicklung von juristischen Problemlösungen ihre Ähnlichkeit[8]. Dadurch auf Interdisziplinarität ohnehin angelegt, sind viele AI-Spezialisten in Stanford durch den Kontakt zum Law and Computer Program in dem Umgang mit Juristen noch besonders eingeübt. Bei ihnen für die unter 3 zu behandelnden Fragen ein offenes Ohr zu finden, war daher keine Schwierigkeit.

Die Anfänge institutionalisierter theoretischer und experimenteller Forschung im Gebiet der AI in Stanford fallen mit der Übersiedlung *John McCarthys* vom Massachusetts Institute of Technology (MIT) zusammen, wo er gemeinsam mit Marvin Lee Minsky die Grundlagen für das dortige AI-Projekt gelegt hatte[9]. Mit finanzieller Unterstützung der Advanced Research Projects Agency

---

[4] Zum Teil sind die Ergebnisse der Arbeiten der Law and Computer Fellows als Referate in die Tagungen eingebracht worden. Vgl ferner *B. G. Buchanan, T. E. Headrick,* Some Speculation about Artificial Intelligence and Legal Reasoning, Stanford Law Review 23 (1970), 40–62; *W. E. Boyd,* Law in Computers and Computers in Law: A Lawyer's View of the State of the Art, Arizona Law Review 14 (1972), 267–311. Zwei Law and Computer Fellows haben Materialien zur Rechtsinformatik zusammengestellt, *L. T. McCarty,* Decision Technology and Law, Stanford 1973, *J. R. Hamilton,* Computers and Legal Processes, Stanford 1974.

[5] *B. G. Buchanan,* The Current Status of Artificial Intelligence Research as It Applies to Legal Reasoning, *E. A. Feigenbaum,* Some Criteria for Heuristic Problem Solving, beides in dem in Anmerkung 2 angeführten Tagungsbericht. *E. A. Feigenbaum,* Artificial Intelligence: Themes in the Second Decade, Information Processing 68 (1969), 1008–1024, diente zur Vorbereitung der Tagung.

[6] *B. G. Buchanan, T. E. Headrick,* Some Speculations (vgl Anmerkung 4).

[7] Zum TAXMAN Programm vgl unten 2.3.

[8] Vgl zu diesen Programmen näher unter 1.2.

[9] Einen Überblick über die von 1963 bis 1973 im Stanford AI Laboratory geleistete Arbeit bietet *L. Earnest* (Hrsg), Final Report. The First Ten Years of Artificial Intelligence Research at Stanford (Stanford AI Laboratory Memo AIM-228), Stanford 1973. Die in unserem Bericht angeführten Veröffentlichungen des AI Laboratory können unter Angabe ihrer AIM-Nummer bezogen werden über: Documentation Services, Artificial Intelligence Laboratory, Stanford University, Stanford, California 94305.

(ARPA), einem Ableger des amerikanischen Verteidigungsministeriums, begann das Stanford AI Project 1963 seine Arbeit im Rahmen der Stanford University[10].

Erst einige Jahre später nahm die Universität mit der Gründung eines eigenen department Computer Science in ihr Ausbildungsangebot auf und wurde aus dem AI Project das AI Laboratory. Dieses ist eine selbständige Einheit der Universität neben dem Computer Science Department, jedoch besteht ein Zusammenhang insbesondere dadurch, daß Mitarbeiter des AI Laboratory oft Lehrfunktionen im Computer Science Department wahrnehmen. Das AI Laboratory hat die AI-Forschung an der Universität keineswegs monopolisiert. Eines der interessantesten AI-Systeme, MYCIN, wird in Kooperation von Angehörigen des Computer Science Department und der Medical School entwickelt[11].

Das SRI, ursprünglich Bestandteil der Stanford University, ist seit 1968 unabhängig. Auch hier wird AI-Forschung betrieben, jedoch mit etwas anderem Schwerpunkt. Da das SRI von Auftragsforschung lebt, konzentriert sich das hauseigene AI Center auf unmittelbaren Einsatz und Anwendung von AI-Techniken. Dieser Umstand hat jedoch ebensowenig wie die Ausgliederung des SRI aus der Universität die Zusammenarbeit der verschiedenen Einrichtungen behindert.

In diesem kreativen Konglomerat wird das ganze Spektrum AI-relevanter Probleme behandelt. Die Veröffentlichungsliste des AI Laboratory läßt kaum ein Thema derzeitiger AI-Forschung unberührt[12].

Von allgemeinem Interesse sind zunächst die Forschungen, die sich mit der Frage beschäftigen, in welcher Weise Informationen organisiert und auf den Speichermedien von Computern repräsentiert werden sollen (representation of knowledge)[13]. Für jede Programmierarbeit ist auch die computational theory von Bedeutung, die mathematische Methoden bereitstellt, um Programmeigenschaften der Korrektheit, Effektivität und Äquivalenz mit dem Computer selbst zu überprüfen und zu beweisen[14].

In den Rahmen des AI Laboratory gehören ferner Studien über visuelle Wahrnehmungsfähigkeit und intelligenten Einsatz mechanischer Gliedmaßen, die in

---

[10] Die Unterstützung durch die ARPA spielte auch für den Fortgang der Forschungen am AI Laboratory eine wichtige Rolle und beläuft sich inzwischen auf insgesamt 10 Millionen Dollar.

[11] Vgl. zu MYCIN unter 1.2.

[12] Eine Bibliographie aller bis Juli 1973 aus Arbeiten am AI Laboratory entstandenen Veröffentlichungen mit kurzen Inhaltsangaben findet sich in *L. Earnest*, Final Report (Anmerkung 9), 67 ff.

[13] Vgl *J. McCarthy*, Situations, Actions, and Causal Laws (AIM-2), Stanford 1963, *J. McCarthy, P. Hayes*, Some Philosophical Problems from the Standpoint of Artificial Intelligence (AIM-73), Stanford 1968, *E. J. Sandewall*, Representing Natural-Language Information in Predicate Calculus (AIM-128), Stanford 1970.

[14] Vgl hierzu *R. Mansfield*, A Formal System of Computation (AIM-25), Stanford 1964, *J. McCarthy, J. Painter*, Correctness of a Compiler for arithmetic Expressions (AIM-40), Stanford 1966, *S. Igarashi et alii*, Automatic Program Verification I: Logical Basis and its Implementation (AIM-200), Stanford 1973.

die Entwicklung eines optisch gesteuerten Arms mündeten[15], ebenso wie Bemühungen um Computersysteme, die natürliche Sprache verstehen[16].

Einen zentralen Platz in der AI-Forschung nimmt die Kunst des heuristic programming ein. Computersysteme, die mit hochkomplexen Problemen wie zB dem Gewinnen einer Partie Schach zu tun haben, müssen über Kenntnisse von Faustregeln verfügen, welche die auch für Computer nicht mehr zu bewältigende Fülle a priori möglicher Lösungswege auf ein vernünftiges Maß reduzieren. Dabei geht es nicht mehr darum, die eine richtige Lösung eines Problems zu finden; schon mit der Lieferung von vertretbaren, plausiblen Lösungen erfüllt das Programm die ihm gestellte Aufgabe[17].

Das Anwendungsgebiet des heuristic programming ist so gut wie unbegrenzt. Intelligentes Problemlösungsverhalten kommt ohne Problemreduktion nicht aus. Die vielversprechendste Frucht der mit heuristic programming befaßten Projekte ist am AI Laboratory das System DENDRAL[18]. Auch die automatische Generierung und Synthese von Computerprogrammen oder der automatische Beweis von Theoremen bedürfen heuristisch angereicherter Lösungsverfahren[19].

Noch macht die Mehrzahl intelligenter Programme nur von der einen oder anderen AI-Technik Gebrauch. AI-Forschung beginnt jedoch, einzelne, isoliert entwickelte Programme zu höherstufigen Systemen zu formieren. Höherstufige Systeme sind unter zwei verschiedenen Aspekten interessant. Sie ermöglichen einmal die Optimierung menschlichen Verhaltens gegenüber komplexen Problemen der Umwelt, sie erlauben zum anderen Schlüsse von menschlichen Reaktionen auf zugrundeliegende Einstellungen. In der zweiten Absicht modelliert ein am AI Laboratory entwickeltes Programm die Reaktionen eines paranoiden Patienten[20].

---

[15] Zum sogenannten Hand-Eye Project vgl. *W. Wichman,* Use of Optimal Feedback in the Computer Control of an Arm (AIM-56), Stanford 1967.

[16] Vgl *J. J. Horning,* A Study of Grammatical Inference (AIM-98), Stanford 1969, *Y. Wilcks,* An Artificial Intelligence Approach to Machine Translation (AIM-161), Stanford 1972, *K. M. Colby et alii,* Pattern-Matching Rules for the Recognition of Natural Language Dialogue Expressions (AIM-234), Stanford 1974. *D. E. Walker,* The SRI Speech Understanding System, Menlo Park 1974, ist erhältlich als SRI Artificial Intelligence Center Technical Note 91 vom Stanford Research Institute, Menlo Park, California 94025.

[17] Eine ausführliche Darstellung von Begriff und Methoden des heuristic programming bietet *N. J. Nilsson,* Problem-Solving Methods in Artificial Intelligence, New York etc 1971.

[18] Vgl zu DENDRAL unter 1.2.

[19] Vgl *R. J. Waldinger, K. N. Levitt,* Reasoning about Programs (SRI AI Center Technical Note 86), Menlo Park 1973, *Z. Manna, R. J. Waldinger,* Knowledge and Reasoning, in: Program Synthesis (SRI AI Center Technical Note 98), Menlo Park 1974, *J. R. Buchanan, D. C. Luckham,* On Automating the Construction of Programs (AIM-236), Stanford 1974.

[20] Vgl *K. M. Colby, D. C. Smith,* Dialogues between Humans and Artificial Belief Systems (AIM-97), Stanford 1969, *K. M. Colby et alii,* Artificial Paranoia (AIM-125), Stanford 1970, *K. M. Colby,* Ten Criticisms of PARRY (AIM-244), Stanford 1974.

1.2 DENDRAL, MYCIN, SRI-Reparaturberatungssystem

Unter den Forschungsprojekten in Stanford waren für uns drei von besonderem Interesse, DENDRAL, MYCIN und ein am SRI im Aufbau befindliches Reparaturberatungssystem. Bei allen Unterschieden von Anwendungsgebiet und Aufgabenstellung weisen diese Systeme, weil vom Fachwissen des Anwendungsgebiets weitgehend entlastet, strukturelle Ähnlichkeiten auf. Die Projekte sind personell und finanziell großzügig ausgestattet und haben gute Chancen, nicht in der Phase der Laborversuche zu stagnieren, sondern in der Praxis eingesetzt zu werden. Sie befinden sich in verschiedenen Entwicklungsstadien, daher konnten wir an ihnen auch die organisatorischen Fragen eines größeren Projekts studieren, in dem die Zusammenarbeit von Computerexperten mit Experten eines bestimmten Anwendungsgebiets notwendig wird.

DENDRAL ist das älteste und fortgeschrittenste der drei Systeme[21]. Es hat die Aufgabe, die molekulare Struktur einer organischen Substanz zu bestimmen. Die Daten eines Massenspektrogramms geben dem Chemiker Aufschluß über die Zusammensetzung einer organischen Substanz. DENDRAL soll unter Verwendung der heuristischen Verfahren sowie der Kenntnisse, mit denen ein menschlicher Experte sich an die Interpretation der massenspektrographischen Daten macht, ermitteln, welche molekulare Struktur einer bestimmten organischen Substanz eignet.

Die Zahl aller möglichen Molekülstrukturen ist astronomisch hoch. Um mit einem vertretbaren Aufwand an Zeit zur Lösung des gestellten Problems zu gelangen, ist es daher erforderlich, die Zahl der in Frage kommenden Strukturen von Anfang an so gering wie möglich zu halten. Wie, dafür lassen sich heuristische Regeln formulieren und einem Computerprogramm mitgeben. Diese Regeln versetzen das System in die Lage, nicht alle, sondern die angesichts der eingegebenen Daten plausiblen Molekülstrukturen zu erzeugen und zu überprüfen. Das System definiert anhand der verfügbaren Daten zunächst einen Testbereich, erzeugt dann die in den Testbereich passenden Molekülstrukturen und überprüft schließlich diese Molekülstrukturen auf ihre Vereinbarkeit mit den Daten. Die Eingabe der uU nur mit erheblichen Kosten zu gewinnenden Daten kann dosiert, weitere Dateneingabe kann von dem Erfolg abhängig gemacht werden, mit dem das Programm die zunächst verfügbaren Daten bearbeitet.

---

[21] An DENDRAL wird seit 1965 gearbeitet, derzeit von 15 Mitarbeitern.
In unserem Bericht verwenden wir den Namen DENDRAL für das ganze System, nicht nur für den Strukturgenerator, dem der Name eigentlich vorbehalten ist. Der Strukturgenerator ist eingebettet in das Teilsystem Heuristic DENDRAL, dem sich das andere Teilsystem Meta-DENDRAL beigesellt.
Einen guten Überblick über den bei Heuristic DENDRAL bis 1970 erreichten Leistungsstand gibt *E. A. Feigenbaum et alii,* On Generality and Problem Solving: A Case Study Using the DENDRAL Program (AIM-131), Stanford 1970. Vgl ferner *B. G. Buchanan et alii,* Towards an Understanding of Information Processes of Scientific Inference in the Context of Organic Chemistry (AIM-99), Stanford 1969, *B. G. Buchanan et alii,* Rediscovering Some Problems of Artificial Intelligence in the Context of Organic Chemistry, in: *B. Meltzer, D. Michie* (Hrsg), Machine Intelligence 5, Edinburgh 1970, 253—280, und zu Meta-DENDRAL *B. G. Buchanan et alii,* A Heuristic Programming Study of Theory Formation in Science (AIM-145), Stanford 1971.

Von dem chemischen Wissen, das für die verschiedenen Analyseschritte erforderlich ist, gehen in eine bestimmte Analyse nur die einschlägigen Portionen und nur das notwendige Detail ein. Dies ist möglich, weil das Wissen nicht in Programmprozeduren fest eingebaut, sondern in Tabellen von Konditionalregeln flexibel arrangiert ist[22]. Auf diese Tabellen kann während der Analyse und in Abhängigkeit von deren Fortschritten ganz verschieden zugegriffen werden. Dies hatte die Erwähnung der Entlastung des Programms vom Fachwissen des Anwendungsgebiets im Blick. Das chemische Wissen ist von den Programmprozeduren getrennt gehalten, und so können dieselben kombinatorischen, heuristischen und vergleichenden Prozeduren in anderen Anwendungsgebieten anderes Wissen verarbeiten und andere Analysen vornehmen. Dies kann zwar nur mit erheblichen Modifikationen, es kann aber ohne Preisgabe des Programms durchgeführt werden.

Schon DENDRAL bietet einige Möglichkeiten der Interaktion. MYCIN ist ganz auf die Interaktion angelegt[23]. Im Dialog zwischen Mediziner und Computer wird über MYCIN nach einer geeigneten antibakteriellen Therapie für einen Patienten gesucht. MYCIN gewinnt dabei seine Therapievorschläge aus der Bearbeitung vorgegebener antibakterieller Regeln und vom Mediziner eingegebener Daten. Wieder ist das Wissen flexibel representiert und gehen auch die Daten flexibel in die Bearbeitung ein. Werden bestimmte Daten wichtig, dann fragt MYCIN den Mediziner nach ihnen, sind sie nicht erhältlich, dann versucht MYCIN, die wichtigen Punkte aus anderen Daten zu erschließen, und fragt, so es sie nicht schon hat, nach diesen. Bleibt auch das erfolglos, dann kommt MYCIN gleichwohl zu einer Therapieanweisung, präsentiert diese aber mit einem entsprechend niedrigen Sicherheitsfaktor.

Ebenso wie DENDRAL hat auch MYCIN schon Programme, die der Aufgabe dienen, den Regelschatz zu erweitern. Bei beiden Systemen ist aber diese Aufgabe noch nicht optimal gelöst. Das Ziel der Arbeiten an DENDRAL ist es, die Regeln unmittelbar aus den Daten abzuleiten. Bei MYCIN ist der Dialog das Mittel, das Wissen des Mediziners in Regeln des Systems zu überführen. Die Form, in der der Mediziner sein Wissen in den Dialog einbringen kann, unterliegt derzeit noch sehr restriktiven Konventionen. Diese zu lockern, ist ein Ziel der Arbeiten an MYCIN.

MYCIN hat Erklärungsfähigkeiten, die einem Dialog Eleganz verleihen, dabei aber mehr als bloß ein Bedürfnis nach Eleganz befriedigen. Um dem praktizie-

---

[22] In LISP ist die Trennung zwischen Programm und Daten aufgehoben und gilt nur noch als konzeptionelle Unterscheidung.

[23] Zu MYCIN vgl einführend *E. H. Shortliffe et alii*, An Artificial Intelligence Program to Advise Physicians Regarding Antimicrobial Therapy, Computers and Biomedical Research 6 (1973), 544–560. Eingehendere Beschreibungen bieten die vervielfältigten Arbeitspapiere *E. H. Shortliffe et alii*, Design Considerations for a Program to Provide Consultations in Clinical Therapeutics, Stanford 1974 und *E. H. Shortliffe*, Computer-Based Consultations in Clinical Therapeutics: Explanation and Rule Acquisition Capabilities of the MYCIN System, Stanford 1974. Die Arbeitspapiere können bezogen werden von: Division of Clinical Pharmacology, Stanford University School of Medicine, Stanford, California 94305.

renden Mediziner das einer Zusammenarbeit mit dem Computer nicht eben förderliche Gefühl zu nehmen, er habe es mit einer black box zu tun, bietet ihm MYCIN die Möglichkeit, sich auf jeder Stufe des Dialogs Auskunft darüber geben zu lassen, warum er nach bestimmten Daten gefragt wird. Die antibakteriellen Regeln, die MYCIN verwendet, sind von verschiedener Allgemeinheit, stehen in Abhängigkeit voneinander, spezifizieren einander und kristallisieren sich zu Hierarchien, durch die in verschiedenen Dialogen verschiedene Wege gefunden werden. An jedem Punkt des Wegs kann der Mediziner sich mit Warum- und Wie-Fragen darüber informieren, woher der Weg kommt und wohin er führen soll, in welchem Zusammenhang eine bestimmte Frage steht und der Überprüfung welcher Regel oder Regeln sie dient. Entsprechend kann er sich, wenn die Therapieempfehlung gewonnen ist, noch einmal der sie nahelegenden Überlegungen vergewissern.

Seit 1973 werden am AI Center des SRI die ersten Komponenten eines Reparaturberatungssystems entwickelt, das, wenn es in etwa fünf Jahren den anvisierten Sollzustand erreicht hat, wohl beanspruchen kann, eines der AI-Techniken am konsequentesten nutzenden anwendungsbezogenen AI-Programme zu sein[24].

Es soll in der Lage sein, einem Mechaniker, der mit der Reparatur einer Maschine betraut ist, im Dialog erschöpfende Auskünfte über mögliche Ursachen von Defekten und deren Behebung zu erteilen. Diese Aufgabe setzt Kenntnisse des Systems nicht nur über den Konstruktionsplan und die Funktionsweise der fehlerhaften Maschine voraus, sondern auch über die in der Werkstatt zur Verfügung stehenden Werkzeuge und deren Verwendung.

Die Prinzipien, nach denen dieses Wissen für das System organisiert wird, entsprechen denen, die bei DENDRAL und MYCIN schon erläutert wurden. Da ein praktischer Einsatz des Systems verlangt, daß es nicht auf eine einzige Maschine spezialisiert ist, ist eine Trennung von Programm und technischem und heuristischem Wissen unerläßlich. Da der Dialog zwischen Mechaniker und System den individuell verschiedenen Bedürfnissen nach Detail angepaßt sein soll, empfiehlt sich eine hierarchische Organisation des dem Programm zugänglichen Wissens auf Ebenen verschiedener Detailliertheit[25].

Eine Werkstattsituation macht es sehr mühsam, den Dialog über ein Konsolsichtgerät zu führen. Daher ist geplant, daß die Verständigung zwischen Mensch und System auf akustischem Weg in natürlicher Sprache erfolgt. Damit das System den zügigen Ablauf des Reparaturvorgangs nicht durch ständiges Fragen nach dem Fortgang der Arbeit oder nach der Position von Werkstücken und Werkzeugen behindert, soll es mit einem visuellen Input-Kanal ausgestattet werden, über den es Informationen über die Werkstatt-Umwelt bezieht, ohne auf die Hilfe des Dialogpartners angewiesen zu sein.

---

[24] Vgl. *N. J. Nilsson et alii,* Plan for a Computer-Based Consultant System (SRI AI Center Technical Note 94), Menlo Park 1974.

[25] Zum Design des Dialogs vgl *B. G. Deutsch,* The Structure of Task Oriented Dialogs (SRI AI Center Technical Note 90), Menlo Park 1974.

1.3 Erträge und Anregungen für JUDITH

Die Fortschritte, die von der AI-Forschung in den letzten zehn Jahren erzielt wurden, sind untrennbar verbunden mit der Entwicklung einer Reihe von Programmiersprachen, die es erlauben, Listenstrukturen zu erstellen und zu verarbeiten[26]. Listenstrukturen verknüpfen die in sie eingebetteten Datenelemente mittels Pointer-Technik und erleichtern den Aufbau hierarchisch organisierter Netze. Die in Stanford vorwiegend verwendete Sprache aus dieser neuen Generation problemorientierter Programmiersprachen ist die von *McCarthy* noch am MIT konzipierte List Processing Language (LISP)[27].

Es erscheint vielversprechend, die Möglichkeiten, die LISP für JUDITH bietet, genauer zu untersuchen. Ein Beispiel für Verbesserungen unseres Programms, die durch LISP zumindest erleichtert würden, ist die Reduzierung des bislang gespeicherten Volltexts auf Adressen, die auf ein Wörterbuch verweisen. Da ein solches Wörterbuch, das beim Einlesen neuer Texte ständig auf den neuesten Stand gebracht würde, zwar alle vorkommenden Wörter enthält, aber eben nur einmal, könnte der Speicherbedarf für JUDITHs juristisches Material erheblich gedrückt werden[28]. Gleichzeitig könnte ein inverser Index erstellt werden, der nicht nur die Verwaltung des Materials erleichtern, sondern unter anderem den Daten-Transfer von einem Aspekt eines komplexen juristischen Problems auf einen „verwandten" erleichtern würde.

Auch mit den herkömmlichen Programmiersprachen ist es möglich, Programme zu schreiben, die dasselbe leisten wie LISP-Programme. Da die Ausführung letzterer mehr Rechenzeit kostet, kann die Verwendung einer Sprache wie FORTRAN auf lange Sicht sogar von Vorteil sein. Selbst wenn eine LISP-Fassung von JUDITH sich letztlich als unnötig oder aus praktischen Gründen (zB sind LISP-Compiler in Deutschland nicht generell erhältlich) als unrealisierbar erweisen sollte, so hätte eine Beschäftigung mit LISP doch lohnende Ergebnisse, indem sie neue Gesichtspunkte in unsere Problemanalyse einführt, die zu einer Neuformulierung bestimmter in JUDITH verwirklichter Konzepte herausfordern. Auf die oben erwähnte Idee eines Wörterbuchs, die sich auch in

---

[26] Eine Übersicht über einige der neuentwickelten Programmiersprachen bieten *D. G. Bobrow, B. Raphael,* New Programming Languages for AI Research (SRI AI Center Technical Note 82), Menlo Park 1974.

[27] Von LISP gibt es nahezu so viele verschiedene Versionen wie Computerinstallationen, auf denen diese Sprache implementiert ist. Ein Vorschlag für eine allgemein kompatible Version der Sprache ist enthalten in *A. C. Hearn,* Standard LISP (AIM-90), Stanford 1969. In Stanford wurde auch eine benutzerfreundlichere LISP-Fassung entwickelt: *D. C. Smith,* MLSP (AIM-135), Stanford 1970.

[28] Bei der Erstellung des Wörterbuchs könnte von den Ergebnissen des Teilprojekts „Variationen der juristischen Fachsprache" der Arbeitsgruppe Recht und Mathematik an der TH Darmstadt profitiert werden. In Auswertung umfangreichen Rechtpsrechungs- und Rechtsliteraturmaterials werden zZt linguistisch und statistisch die Unterschiede zwischen juristischer Fachsprache und Umgangssprache sowie zwischen den durch die verschiedenen Funktionen bedingten verschiedenen Spielarten der juristischen Fachsprache untersucht.

FORTRAN programmieren läßt, kommt eben leichter, wem die in LISP gängigen Programmstrukturen geläufig sind.

Die Ähnlichkeit, die unser System JUDITH mit den vorgestellten Systemen darin hat, daß auch es die Trennung von Programm und juristischem Wissen vornimmt und dieses hierarchisch repräsentiert und flexibel organisiert, legt es nahe, den Ausbau unseres Systems in die Richtung zu konzipieren, in die DENDRAL, MYCIN und das SRI-Beratungssystem erfolgreich vorstoßen. Es geht darum, nicht die Konzepte dieser Systeme einfach zu übernehmen, sondern sie als Anregungen und Informationen darüber zu verstehen, was der Stand der AI-Entwicklung erlaubt. Die Konzepte für den Ausbau JUDITHs, die in dieser Weise angeregt wurden und durchführbar erscheinen, seien hier nur umrissen.

Der erste Schritt ist noch bescheiden. Den logischen Satz, in dem die Voraussetzungen einer Rechtsfolge oder Elemente eines Rechtsbegriffs zusammengefaßt sind, arbeitet JUDITH derzeit noch konsekutiv ab. Hat der Jurist, der den Dialog mit dem System führt, von sieben Voraussetzungen oder Elementen die ersten vier und das siebte beantwortet, und zwar so, daß er das Vorliegen der Voraussetzungen 3 und 4 als näher zu überprüfen bezeichnet hat, dann tritt das System in eine nähere Überprüfung der Voraussetzung 3 selbst dann ein, wenn angesichts der zu 1, 2 und 7 schon vorliegenden Daten der logische Satz gar nicht mehr wahr werden kann. Dieses Konzept konsekutiver Abarbeitung entstand aus der Überlegung, so sei die Vollständigkeit eines im Dialog zu erstellenden Gutachtens gewährleistet. Wie berechtigt diese Überlegung auch sein mag, zumindest die Möglichkeit muß dem Juristen gegeben werden, statt für die konsekutive für die totale logische Auswertung der jeweils vorliegenden Daten zu optieren.

Der nächste Schritt ist eine Optimierung des Dialogs. Der logische Compiler JUDITHs, der den ganzen logischen Satz in den Blick nimmt, soll nicht nur melden, ob der Satz mit den vorliegenden Daten schon wahr oder falsch ist. Vielmehr soll er, wenn Wahrheit oder Falschheit noch nicht zu ermitteln sind, melden, welche Voraussetzungen für die Wahrheit oder Falschheit des Satzes besonders wichtig sind. Ob zB der logische Satz $(p \wedge q \wedge r)$ wahr werden kann, dies zu überprüfen, empfiehlt es sich, mit der Überprüfung der Wahrheit von s zu beginnen. Ist s wahr, dann können weitere Überprüfungen erspart werden, während nach der Feststellung der Wahrheit von p mit der Überprüfung der Wahrheit von q und weiter von r fortzufahren wäre. Für die Wahrheit des logischen Satzes ist s insofern besonders wichtig. Auf die besondere Wichtigkeit von Voraussetzungen oder Elementen, eine Wichtigkeit, die sich in Abhängigkeit davon bestimmt und verändert, welche Daten schon vorliegen, sollte der Jurist im Dialog hingewiesen werden.

Der dritte Schritt ist der Einbau von Fähigkeiten, Widersprüche zu entdecken. Das soll hier nicht heißen, daß einander offen widersprechende Reaktionen des Juristen auf ein und dieselbe Voraussetzung, etwa wenn diese mehrmals vorkommt, besonders angezeigt werden. Diese Art von Widerspruchsentdeckung ist einfach und verlangt keinen Ausbau des logischen Compilers. Hier ist eine andere Art der Entdeckung versteckter Widersprüche gemeint, die von den Implikationen Gebrauch macht, die zwischen verschiedenen logischen Sätzen bestehen. Die Voraussetzung p_1 möge durch die Voraussetzungen p_{11}, p_{12}, p_{13}, p_{14} und p_{15} spezifiziert werden. Enthält der aus diesen Voraussetzungen gebildete logische Satz nur die Konjunktion, dann kann aus der Wahrheit von p_1 auf die Wahrheit jeder der Voraussetzungen p_{11} bis p_{15} geschlossen werden, aus der Verwerfung von p_1 als falsch die Falschheit mindestens einer der Voraussetzungen p_{11} bis p_{15}. Kann der logische Compiler in der durch dieses einfache Beispiel angezeigten Weise schließen, dann können als widersprüchlich Reaktionen des juristischen Dialogpartners auf ganz verschiedene Voraussetzungen ermittelt und angezeigt werden. Kommt p_1 in einem Abschnitt des Dialogs und kommt p_{13} in einem anderen vor, dann hat der logische Compiler die Vereinbarkeit der beiden Reaktionen zu überprüfen.

Der vierte Schritt geht wieder ein und diesmal ein besonders wichtiges Stück über den vorausgegangenen hinaus. Statt das Auftauchen des Widerspruchs im Dialog abzuwarten und anzuzeigen, kann das System dem Dialog vorauseilen und da, wo Voraussetzungen auftauchen, deren Werte aus dem bisherigen Dialog schon erschlossen werden können, diese Werte eingeben und so das Entstehen von Widersprüchen überhaupt vermeiden. Kann aber das System erst einmal dem Dialog vorausschließen, dann ist diese Fähigkeit für mehr als nur für Widerspruchsprüfungen nutzbar zu machen. Ein Dialogabschnitt möge ergeben haben, daß ein vertraglicher Anspruch nicht besteht und die Suche nach ihm gescheitert ist. Die in diesem Dialogabschnitt angesammelten Daten lassen uU bei der Suche nach einem bereicherungsrechtlichen Anspruch nur noch wenig offen. Das zum Vorausschließen fähige System kann dies herausfinden und muß dann den Juristen nur noch mit den Voraussetzungen des Bereicherungsrechts konfrontieren, die zur Bestimmung des Bestehens oder Nichtbestehens eines bereicherungsrechtlichen Anspruchs fehlen. Es versteht sich, daß auch hier wieder die oben erwähnte Optimierung einsetzen kann.

Wie aber weiß das System, wann die Fortsetzung einer im Vertragsrecht gescheiterten Anspruchssuche im Bereicherungsrecht angezeigt ist? Das Problem stellt sich ebenso wie bei DENDRAL, das, wenn es alle möglichen Molekülstrukturen untersuchen wollte, an deren astronomischer Zahl scheitern müßte.

Wollte JUDITH einfach alle möglichen Dialogwege durch sein Netz juristischen Wissens erzeugen und untersuchen, die Einschlagung welchen weiteren Dialogwegs durch die aus dem Vertragsrecht schon vorhandenen Daten am nächsten liegt, dann könnte am Ende dieser Untersuchung zwar Bereicherungsrecht stehen. An dieses Ende würde JUDITH aber wegen der ebenfalls astronomischen Zahl möglicher Dialogwege nicht gelangen. Das System muß von dem juristischen Wissen über die „Verwandtschaft" zwischen verschiedenen Rechtsgebieten Gebrauch machen, muß nach dem Scheitern einer Anspruchssuche unter den „verwandten" Ansprüchen weitersuchen. Bei Optimierungsfähigkeit des Systems können die „verwandten" Ansprüche in einer Reihenfolge abgearbeitet werden, deren Ordnung daraus folgt, welcher Anspruch mit dem geringsten Aufwand abgearbeitet werden kann.

Der fünfte Schritt überläßt die Bestimmung der „Verwandtschaft" zwischen Ansprüchen oder Rechtsgebieten nicht mehr dem Juristen, der das juristische Wissen für JUDITH aufarbeitet. Statt diesen in das System eingeben zu lassen, welche anderen Anspruchssuchen nach dem Scheitern der einen naheliegen, kann das System im Laufe der mit ihm geführten Dialoge selbst herausfinden, zu welchen anderen Ansprüchen der juristische Dialogpartner nach dem Scheitern eines Anspruchs üblicherweise übergeht, und kann „Verwandtschaft" entsprechend selbst definieren. Hierbei sind statistische mehr als logische Routinen das Hilfsmittel für JUDITHs Heuristik.

Ist das System hierfür ausgestattet, dann kann es geführten Dialogen noch einen anderen Ertrag abgewinnen. Dem Juristen ist die Figur der typischen Fallkonstellation vertraut, ein Gebilde häufig im Zusammenhang stehender Rechtsfragen und Rechtsfolgen. Das System kann in Stand gesetzt werden, typische Fallkonstellationen selbst zu definieren, wiederzuerkennen und dem juristischen Dialogpartner einen entsprechenden Dialogweg vorzuschlagen.

Je mehr Initiative das System im Dialog ergreift, desto wichtiger wird es, daß der juristische Dialogpartner sich darüber informieren kann, warum ihm eine bestimmte Reaktion abverlangt wird, worum es gerade geht, welchen Anspruch das System überprüft, schon überprüft hat oder noch überprüfen wird. Für einen Komfort, wie ihn MYCIN dem Mediziner mit entsprechenden Fragemöglichkeiten bietet, wurden schon mit dem dritten Schritt die Voraussetzungen geschaffen. Nichts anderes wird durch diese Frage in MYCIN ausgelöst, als ein Voraus- und das diesem entsprechende Zurückschließen.

Programmstruktur und Datenstruktur bestimmen die Leistungsfähigkeit eines intelligenten Programms; doch nicht nur die Struktur, sondern auch der Umfang der systemeigenen Daten spielt eine wichtige Rolle. Beim Aufbau eines intelligenten Systems dürfen daher die Probleme nicht in den Hintergrund gedrängt werden, die sich aus der Erweiterung der Wissensbasis ergeben. Für die Konstruktion eines ersten Funktionsmodells des zu entwickelnden Systems mag eine kleine Testdatenbank genügen. Ihre Vergrößerung darf aber hinter dem zunehmenden Raffinement nicht zurückbleiben, soll das Gefühl für die nicht bloß quantitativen Konsequenzen der Operation über großen Datenmengen nicht verlorengehen.

Aus diesem Grund gilt das besondere Interesse der an der Entwicklung von DENDRAL und MYCIN Beteiligten den Möglichkeiten, dem einmal funktionsfähigen Programm auf einfache Weise mehr und mehr Kenntnisse über sein Anwendungsgebiet beizubringen. Auch für JUDITH ist eine rasche Ausweitung ihrer Materialdatenbanken eines der wichtigsten Ziele.

Typischerweise lassen sich beim Aufbau der Wissensbasis eines intelligenten Systems drei Phasen unterscheiden. Die erste Phase zeichnet sich durch eine enge Zusammenarbeit zwischen Computerexperten und Spezialisten des einschlägigen Anwendungsgebietes aus. In langwierigen Sitzungen werden Struktur und Format des ins System einzuspeichernden Materials festgelegt. Die Funktion des Computerexperten ist dabei nicht nur die eines Bindeglieds zwischen System und Spezialisten; vielmehr geht es darum, durch Befragung des Spezialisten Hinweise auf das Design des Systems zu erhalten.

In der zweiten Phase sollte das System bereits selber in der Lage sein, dem Spezialisten im Dialog die Konventionen zu erklären, die der Materialaufbereitung zugrunde liegen. Der Spezialist formuliert dann, angeleitet vom System, die Regeln, die dem Wissensschatz des Systems einverleibt werden sollen. MYCIN und DENDRAL verfügen über solche Möglichkeiten des interactive information acquisition, sind aber noch weit entfernt vom Endziel dieser Phase, in dem der Spezialist seine Kenntnisse vor dem System in natürlicher Sprache und ohne Formatrestriktionen ausbreitet. Für JUDITHs weiteren Ausbau wird es sehr schnell notwendig werden, Routinen der Wissenserlangung zu entwickeln, welche die bisher sehr mühsame Methode der manuellen Materialaufbereitung ablösen.

Die dritte Phase schließlich macht nicht nur den Computerexperten, sondern auch den Spezialisten des Anwendungsgebiets überflüssig. Das Programm erwirbt seine Kenntnisse auf der Basis der ihm zur Verfügung stehenden empirischen Daten. Bislang zeichnen sich Ansätze für diese eleganteste Methode der Erweiterung der Wissensbasis nur bei DENDRAL ab (Meta-DENDRAL). Eine Möglichkeit für JUDITH, aufgrund von Erfahrungen selbsttätig ihr heuristisches Wissen zu erweitern, wurde oben erwähnt. Daß sie aber keine eigenen juristischen Theorien entwickeln kann, versteht sich von selbst.

2 AI-Anwendungen für automatisierte juristische Problemlösungsverfahren

2.1 Forschungsstand und -perspektiven

Bei aller Reichhaltigkeit der von der AI-Forschung in Stanford in Angriff genommenen anwendungsbezogenen Projekte — solche mit spezifisch juristischen Aufgabenstellungen waren nicht darunter. So sehr unsere Erwartungen übertroffen wurden, in Stanford AI-Experten anzutreffen, mit denen wir unsere eigene Konzeption eines intelligenten juristischen Informationssystems diskutieren und von denen wir nicht nur Anregungen, sondern auch Unterstützung erhalten konnten, so sehr wurden unsere Hoffnungen enttäuscht, wenn nicht mit arbeitsfähigen juristischen Systemen, dann doch immerhin mit Entwürfen für solche konfrontiert zu werden. Mit den juristischen Systemen, die wir schließlich anderswo noch kennenlernen sollten, verhielt es sich ähnlich: in keinem Fall waren diese Systeme voll implementiert; günstigstenfalls befanden sie sich im Übergang vom Reißbrettstadium zur Modellphase mit vagen Perspektiven, in nennenswertem Umfang finanziert und realisiert zu werden. Hatten wir damit gerechnet, daß sich die allgemein größeren Forschungskapazitäten an amerikanischen Hochschulen auch hier in verstärkter Förderung und Institutionalisierung niederschlagen würden, so lehrte uns die Anschauung, daß wirkliche Pionierarbeit in den Vereinigten Staaten nicht anders als bei uns das Resultat privater Hartnäckigkeit, informeller Interdisziplinarität und erhöhten Arbeitsaufwands außerhalb des offiziell zugeteilten akademischen Betätigungsfeldes ist.

Diese Bemerkungen sollen den Wert der von uns studierten Systeme nicht schmälern; sie können aber illustrieren, welche Diskrepanzen zwischen aus Fachveröffentlichungen genährten Erwartungen und der Realität in einem rapide wachsenden Forschungsgebiet entstehen, nicht, weil die unveröffentlichte Realität – wie häufig genug – die Erwartungen hinter sich läßt, sondern weil umgekehrt in die Beschreibung von Modellen Erwartungen eingehen, die sich vor dem Leser nicht ohne weiteres als solche ausweisen.

Gerade im Bereich der AI-Forschung drängt sich bei der Lektüre von Projektskizzen und Berichten an etwaige Geldgeber häufig der Eindruck auf, als sei die Mehrzahl der angesprochenen Probleme bereits gelöst und diese Lösung in arbeitsfähigen Maschinencode übersetzt, ein Eindruck, der näherer Betrachtung der Systeme vor Ort nicht standhält. Doch hat dies mit dem Zwang, seine Arbeitsergebnisse gut zu verkaufen, wenig und mit Scharlatanerie nichts zu tun. Vielmehr drückt sich darin ein auf der Erfahrung früherer Erfolge beruhender Optimismus aus, der nicht nur den Stil der Veröffentlichungen, sondern den Arbeitsstil insgesamt prägt. Die stürmische Entwicklung von Computer-Hardware und -Software in den letzten zwei Jahrzehnten läßt auch eher konservative Prognostiker mit weiterem exponentiellen Wachstum rechnen[29]. Wer heute ein auf fünf Jahre angelegtes AI-Projekt angeht, muß sich davon freimachen, nur mit den immer noch beschränkten Kapazitäten marktüblicher Computer zu rechnen. Will er nicht ein vom Start weg veraltetes System entwerfen, muß er im Gegenteil davon ausgehen, daß die Maschinen immer schneller, daß verfügbarer Speicherplatz immer größer, und daß demzufolge die Kosten für die Ausführung hochkomplizierter Großprogramme dramatisch sinken werden. Ebenso muß er den Fortschritt auf dem Gebiet der AI selbst einkalkulieren. Für die Konstrukteure eines interaktiven medizinischen Diagnosesystems bedeutet das zB, daß sie sich mit dem Problem beschäftigen, wie man das erforderliche medizinische Wissen im Computer repräsentiert und nach welchen Routinen dieses Wissen zum Einsatz kommt; daß sie sich aber damit begnügen, das interface zwischen Mensch und Maschine, das schließlich über natürliche Sprache hergestellt werden soll, zunächst einmal als Systembaustein zu postulieren, ohne darauf weitere Anstrengungen zu verwenden. Gäbe es das Auto noch nicht, so würde seine Entwicklung heute vielleicht analog erfolgen, nach der Devise: „Bauen wir erst mal den Motor, in spätestens fünf Jahren werden die Burschen am MIT das Rad schon erfunden haben", und diese Annahme wäre weniger spekulativ als realistisch[30].

Kein Wunder, daß in diesem Klima die Grenze zwischen vorsichtiger Skepsis

---

[29] Beispiele, wie die Entwicklung der AI-Forschung am MIT bzw am SRI eingeschätzt wird, finden sich in: Massachusetts Institute of Technology Artificial Intelligence Laboratory, Proposal to ARPA for Research on Intelligent Automata and Micro-Automation (Xerokopie), Cambridge, Mass. 1975, 93 ff., *N. J. Nilsson,* Artificial Intelligence (SRI AI Center Technical Note 89), Menlo Park 1974, 21 ff. *Nilssons* Arbeitspapier bietet im übrigen einen vorzüglichen Überblick über die verzweigten Interessen der AI-Forschung und deren Ineinandergreifen.

[30] Das Schicksal des „großen Wurfs" ohne Realitätsbezug bleibt AI-Projekten dennoch erspart, weil sie ständig experimenteller Überprüfung ausgesetzt sind. Den Wert dieser Methode des theoriebegleitenden Experiments sieht *Nilsson* (aaO 22) so: „... ideas will not come to those who merely think about the problem. They will come to those who both think and experiment with much larger systems than we have built so far".

und berechtigtem Optimismus sich verwischt, und daß Mißverständnisse bei dem hervorgerufen werden, der nach alter geisteswissenschaftlicher Art vom interdisziplinären Informationsfluß weitgehend abgeschnitten seine Gedankengebäude auf den Fundamenten der Tradition errichtet und sich Originalität womöglich erst beim Setzen des Schlußsteines erlauben darf.

2.2 Angebot und Annahme; Straßenverkehrsrecht

Zwei Projekte des Computer Science Laboratory der University of Illinois, beide auf Interaktivität angelegt, hatten juristische Entscheidungsprobleme zum Gegenstand, die in auch uns wohlvertrauten Domänen angesiedelt waren: Angebot und Annahme im Vertragsrecht und Verhaltensregeln im Straßenverkehr[31]. Beide Projekte wurden wegen Finanzmangels inzwischen eingestellt, verdienen aber dennoch nicht nur ihres juristischen Gehalts, sondern auch ihres Ideenreichtums und teilweise noch erreichten Leistungsstands wegen eine ausführlichere Darstellung.

An ihnen bestätigte sich, daß Recht, soweit es kodifiziert ist, auf einer ersten Problemstufe der Behandlung durch AI-Techniken sehr zugänglich ist. Die symbolische, computergerechte Darstellung einer Norm mittels einer listenverarbeitenden Sprache als Listen- oder Netzstruktur bietet so wenig Schwierigkeiten, daß in einem Bericht über den Stand des „R2" genannten Verkehrsrechtsprojekts die Codierung der StVO von Illinois, „Rules of the Road", die aus etwa zweitausend Sätzen besteht, eher beiläufig vermerkt wird[32]. Die Gründe für solche Zugänglichkeit sind einleuchtend: Wählt man ein kleines, hinreichend klar abgegrenztes Rechtsgebiet aus, kann man es als Struktur abbilden, die, aus einer noch überschaubaren Zahl von Elementen bestehend, es auch mit einer noch überschaubaren Reihe von typischen Situationen zu tun hat. Darüber hinaus sind gesetzliche Normen immer schon formuliert, medizinische Regeln dagegen müssen erst aus einer Fülle von Texten herausdestilliert werden, ohne daß selbst dann völlige Einigkeit über ihren authentischen Wortlaut herzustellen ist.

Da listenverarbeitende Sprachen (im Fall von R2 MICRO-PLANNER) auch Sätze einer hochstufigen Pädikatenlogik verkraften, zeichnet sich R2 durch formale Eleganz aus, die die eines nur mit propositionalen Sätzen arbeitenden Systems wie JUDITH weit übersteigt. Neben der Verkehrsrechtsdatenbasis besaß das System eine ebenfalls netzartig strukturierte Datei, in der in klassifikatorischer

---

[31] Die University of Illinois hatten wir vor allem wegen *Peter B. Maggs* und seiner Lernmaschinen in unsere Reiseroute aufgenommen (siehe dazu unter 5.2); bei den hier beschriebenen Projekten handelt es sich insofern um eine Trouvaille.

[32] Eine kursorische Beschreibung des Systems ist *K. Biss et alii*, R2 – A Natural Language Question-Answering System, in: AFIPS – Conference Proceedings, Vol 38, Montvale, New Yersey 1971, 303–308, zu entnehmen. Die Interdisziplinäre Arbeitsgruppe „Analyse der juristischen Sprache" hat in der Verfolgung der These, automatische Rechtsanwendung sei primär ein linguistisches Problem der Übersetzung eines Texts der Alltagssprache in die juristische Fachsprache, wohl nicht zufällig den Versuch unternommen, eine Textgrammatik der Sprache der StVO zu erstellen. Vgl dazu *D. Rave et alii* (Hrsg), Paraphrasen juristischer Texte, Darmstadt 1971.

Weise die Objekte verzeichnet waren, die im Straßenverkehr vorkommen, sowie als n-stellige Relationen gebaute syntaktische Regeln, welche die gültigen, bedeutungsvollen Beziehungen der Objekte zueinander bezeichneten. Die Frage „Müssen Autos Fußgängern immer den Vortritt lassen?" konnte R2 aus der Kenntnis der Vorschrift „Fußgänger, die nicht einen markierten Fußgängerüberweg benutzen, müssen Autos den Vortritt lassen", der Regel, daß „den Vortritt lassen" eine zweistellige, für jede Klasse von Verkehrsteilnehmern gültige Relation ist, und dem semantischen Netz, in dem Fußgänger und Autos als Verkehrsteilnehmer ausgewiesen sind, mit „Nein; nicht wenn sich die Fußgänger nicht auf einem Fußgängerweg befinden" beantworten[33].

Die Leistungen von R2 sollten sich nicht darin erschöpfen, Auskunft über abstrakte Rechtsfragen zu erteilen. Vielmehr sollte es auch konkrete Verkehrssituationen beurteilen können[34] Die Beschreibung der zu analysierenden Situation wurde vom Benutzer in Form von Aussagesätzen geleistet. Das System brachte diese Aussagen mit den ihm zur Verfügung stehenden Modellen von Straßenkreuzungen in Einklang, um daraus schließlich die Reihenfolge zu ermitteln, mit der etwa vier gleichzeitig an der Kreuzung ankommende Fahrzeuge in diese einfahren dürfen. Das System wandte dabei die ihm bekannten Rechtsregeln an und versuchte, unvollständige Informationen, sei es durch Schlußverfahren aus ihm geläufigen Regeln[35], sei es durch Unterstellung der als am wahrscheinlichsten ermittelten Zusatzbedingungen, zu ergänzen; kam es damit nicht zum Ziel, bat es den Benutzer um zusätzliche Angaben.

Die Analyse einer dynamischen Verkehrssituation bringt einen Aspekt in den Blick, der in den bisher beschriebenen Systemen keine Rolle gespielt hat, mit dem sich ein intelligentes juristisches System aber unbedingt auseinandersetzen muß: die Zeit. R2 nahm dieses Problem in der Weise in Angriff, daß es den Ablauf des Verkehrsgeschehens gewissermaßen in Momentaufnahmen auflöste, die durch Pointer aufeinander bezogen wurden. Mit jeder Änderung der Situation wurde ein neues Bild, ein „time-frame", angelegt, in das die Beschreibung des vorhergehenden time-frame unter Berücksichtigung der Veränderung eingetragen wurde.

Auch das Vertragsrecht-Projekt, das über ein embryonales Stadium hinaus leider nicht gediehen ist[36], hatte es mit dynamischen Abläufen zu tun, wie sie beim

---

[33] Der Dialog verlief allerdings nicht in natürlicher Sprache, sondern über MICRO-PLANNER-statements.

[34] *K. Biss et alii,* Semantic Modeling for Deductive Question-Answering, in: Proceedings of the 3rd International Joint Conference on AI (IJCAI), oO 1972, 356–363. Der Zusammenhang zwischen R2 und diesem System wird in dem zitierten Aufsatz nicht explizit hergestellt.

[35] Diese Technik des Schließens aus sog antecedent theorems wurde in neuerer Zeit vor allem durch ihre Verwendung bei *Charniak* bekannt. Vgl. dazu *E. Charniak,* Toward a Model of Children's Story Comprehension (MIT AI Laboratory Technical Report 266), Cambridge, Mass. 1972.

[36] *F. Stahl,* A Model for Computer Understanding of Contract Offer and Acceptance, in: Quaterly Progress Report, University of Illinois Computer Science Laboratory, Nr. 1, 1973, 54–61.

Zustandekommen von Verträgen aus Angebot und Annahme insbesondere unter Abwesenden keine Seltenheit sind, und sollte sich zu ihrer symbolischen Darstellung der time-frames bedienen. Geplant war, dem System die Beschreibung einer Handlungsfolge im Umfeld von Vertragsangebot und -annahme einzugeben und es dann um Auskunft darüber anzugehen, ob ein Vertrag zustande gekommen sei. Das System sollte in der Lage sein, aus dem Kontext heraus die verschiedenen Stadien der Vertragsverhandlungen zu identifizieren und zu isolieren (ein ambitioniertes Vorhaben, bedenkt man allein die Schwierigkeiten bei der Abgrenzung von Vorverhandlungen und Vertragsschluß), sie in chronologischer Folge zu ordnen, ihre rechtliche Relevanz zu bestimmen, in Zweifelsfällen dem Benutzer Zusatzinformationen abzuverlangen und schließlich ein juristisches Gutachten zu erstellen, das uU auch mehrere mögliche Lösungen unter Angabe ihrer relativen Vorzüge und Nachteile anbieten würde. Gerade diese letztgenannte Eigenschaft des geplanten Systems, auch dann nicht zu passen, wenn es nicht nur ein allein richtiges Ergebnis gibt, macht deutlich, welche Elastizität listenverarbeitenden Sprachen und den von ihnen ermöglichten Datenstrukturen schon heute zugetraut wird.

2.3 Reorganisation von Aktiengesellschaften (TAXMAN)

Die erste Veröffentlichung, in der TAXMAN beschrieben wird[37], spannt bereits das weite Spektrum der bekannten AI-Techniken auf mit der an die Adresse der AI-Spezialisten gerichteten Herausforderung, das Recht als das Gebiet anzunehmen, auf dem Grenzfragen der AI-Forschung wie dynamische Strukturen und Analogienbildung am besten in Theorie und Experiment studiert werden können. Hat diese Aufforderung auch noch keine konkreten Ergebnisse gezeitigt, so konnten wir in Gesprächen zB am MIT oder am SRI doch wachsende Bereitschaft erkennen, mit Juristen an solchen Problemen zu arbeiten.

Bislang ist TAXMAN freilich im Grunde noch immer das Ein-Mann-Projekt, als das es in Stanford begonnen wurde und dessen Fortschritte von den anderweitigen Verpflichtungen *Thorne McCartys,* seines Schöpfers, gehemmt werden. Immerhin, das theoretische Konzept steht, und einige zentrale Abschnitte des Systems wurden auch schon in LISP bzw in MICRO-PLANNER codiert[38].

Ausgangspunkt für TAXMAN bildet § 368 des Internal Revenue Code, der die Reorganisation von Aktiengesellschaften zum Gegenstand hat. Mit der Wahl kodifizierten Rechts vermeidet *McCarty* zumindest im ersten Stadium seines Projekts die Schwierigkeiten bei der Bändigung des angelsächsischen case law.

[37] *L. T. McCarthy,* Interim Report on the TAXMAN Project: An Experiment in Artificial Intelligence, auf S 37–45 des in Anmerkung 2 zitierten Tagungsberichts.

[38] Auszüge aus einer geplanten Veröffentlichung über TAXMAN liegen in xerokopierter Form vor: *L. T. McCarty,* Reflections on TAXMAN: An Experiment in Artificial Intelligence and Legal Reasoning, Buffalo, N. Y. 1974 und können vom Autor, John Lord O'Brian Hall, North Campus, State University of New York at Buffalo, N. Y. 1460, bezogen werden; an der London School of Economics sind Arbeiten im Gang, die mit *McCartys* Projekt gewisse Ähnlichkeiten aufweisen, vgl. *R. Stamper,* From Legal Prose to "LEGOL" Formalism – A First Simple Example, Xerokopie, London School of Economics 1973.

§ 368 sieht vor, daß unter bestimmten Voraussetzungen, nämlich bei einer Reorganisation aus internen Gründen, auf die erforderlichen Kapitaltransaktionen keine Steuer fällig wird. Wann diese Voraussetzungen vorliegen, kann häufig ohne Vornahme von Wertungen nicht entschieden werden, sollen clevere Steueranwälte nicht freie Bahn für Steuerumgehungstricks haben, die zwar den Buchstaben, nicht aber den Geist des Gesetzes erfüllen. Im Unterschied zu dem oben beschriebenen Verkehrsrechtssystem R2 muß TAXMAN daher auch mit komplexen, tatsächlich-rechtlich mehrdeutigen Strukturen zurechtkommen, auch dies ein Grund für *McCartys* Wahl des Reorganisationsrechts. Zugleich sind die für dieses Rechtsgebiet relevanten faktischen und juristischen Konzepte aber zahlenmäßig überschaubar und gegenständlich begrenzt, was die Konstruktion eines Modells der Welt der Aktiengesellschaften und dessen symbolische Darstellung erheblich erleichtert.

Die Kenntnis der den Mikrokosmos der Besteuerung von Aktiengesellschaften konstituierenden Normen und generalisierenden Beschreibungen von Situationen und Ereignissen mit eingebautem Zeitfaktor soll TAXMAN in die Lage versetzen zu überprüfen, welche steuerlichen Konsequenzen ein ihm zur Analyse vorgelegter konkreter Fall hat – vorausgesetzt, er ist Element der vom Modell definierten Menge der Fälle aus dem Reorganisationsrecht.

Diese Beschreibungen bilden TAXMANs „knowledge base"; man kann sie sich als aufeinander bezogene Sätze mit prädikatenlogischer Struktur oder aber als ein semantisches Netz vorstellen, das verschiedene, hierarchisch miteinander verbundene Ebenen von wachsendem Abstraktionsgrad besitzt. Am unteren Ende der Hierarchie stehen sehr einfache Konzepte; *McCarty* bezeichnet sie als „primitives", also etwa einfache, im Idealfall nicht weiter zerlegbare Elemente, die sich schrittweise zu komplexen Strukturen aggregieren. Hier sei sogleich dem Mißverständnis vorgebeugt, eine derartige Begriffshierarchie müsse zu unhandlicher Starre des Systems führen. Gerade die Programmiersprachen der AI-Generation ermuntern dazu, auch mehrdeutige, verschwommene Begriffe der nicht mathematisch-logisch exakten Fachsprachen oder der Alltagssprache zur Grundlage von Computer-Programmen zu machen. Sie ermöglichen es, Begriffe nicht eindeutig aufeinander abzubilden, sondern relativ oder gar rekursiv, bezogen auf den jeweiligen Kontext.

Über der knowledge base, die man, geschult an den heute verbreiteten Programmiersprachen, als „Datenbank" bezeichnen würde, sind Prozeduren definiert, die mit den Beschreibungen umgehen können. Implementiert hat *McCarty* bislang nur einige wenige, allerdings sehr wichtige Prozeduren, mit denen neue Beschreibungen in das Netz eingebaut und alte eliminiert oder modifiziert werden können. Auch einige Schluß- und Substitutionsverfahren sind bereits einsatzfähig, so daß TAXMAN mit elementaren Fällen schon befaßt werden kann.

Soll ein konkreter Fall gelöst werden, so wird seine Beschreibung an die stets residenten Teile des Systems gleichsam angehängt. Dazu ist eine Übersetzung der Beschreibung in strukturgleiche prädikatenlogische Sätze erforderlich. *McCarty* geht davon aus, daß es in absehbarer Zeit Routinen geben wird, die ihm diese Arbeit abnehmen. Kennt TAXMAN den Fall, kann es an die Verwirklichung seines Ziels gehen: die Beschreibung des Falls, die selber ein semantisches Netz darstellt, mit dem großen Netz der knowledge base zur Deckung zu bringen und aus beiden schließlich die Rechtsfolge abzuleiten. Das geschieht in der Weise, daß sich das System allmählich vom Besonderen des Falls zu seinen allgemeinen Aspekten in der Begriffshierarchie emporarbeitet. Doch kennt TAXMAN nicht nur das Folgern und Räsonieren „nach oben", auf eine gedachte Spitze der Begriffshierarchie hin, sondern auch „nach unten", dh durch Ausweitung eines Ausgangsbegriffs auf seine Unterbegriffe, wobei dank der bereits erwähnten Eigenschaft listenverarbeitender Sprachen, Mehrdeutigkeit zu verkraften, Ober- und Unterbegriffe bei Bedarf durchaus Platz tauschen können. Grundsätzlich verläuft der Prozeß des Zur-Deckung-Bringens automatisch; ähnlich wie MYCIN versucht das System, so weitgehend wie möglich unter Einbringung seiner eigenen Kenntnisse zu Ergebnissen zu gelangen. Der Benutzer wird erst dann bemüht, wenn die von ihm eingangs gelieferte Sachverhaltsbeschreibung unvollständig ist oder wenn er Entscheidungen zwischen alternativen Lösungspfaden treffen soll.

Daß Berührungspunkte zu dem von DISUM[39] und JUDITH gewählten Ansatz der Spezifizierungsebenen bestehen, ist nicht zu übersehen, wenngleich ein fundamentaler Unterschied in der Richtung besteht, die ein Dialog mit dem Benutzer durch die Begriffshierarchie nimmt. Hier führt der Weg vom Allgemeinen einer Anspruchsgrundlage zu deren besonderen, die jeweiligen Fallcharakteristika erfassenden Auslegungsverästelungen, dort wird der Fall iterativ in die zutreffende Klasse eingeordnet. Die naheliegende Frage, ob sich in den unterschiedlichen Ansätzen die unterschiedlichen Rechtsordnungen widerspiegeln, beantworteten wir uns schließlich so, daß eine Kombination beider Methoden wohl am geeignetsten ist, mit unterschiedlichen, in beiden Rechtsordnungen gleichermaßen anzutreffenden Problemstellungen zu Rande zu kommen. Nicht, weil damit einem Methodenbrei das Wort geredet werden soll, sondern weil AI-Programme davon leben, daß sie durch Methoden-Heterogenität vielseitige Anwendungen ihrer Wissensbasis ermöglichen, erscheint es uns nach wie vor vielversprechend, auch die Idee weiter zu verfolgen, die Rechtsfindung als Paraphrasenbildung zu alltagssprachlich formulierten Fallbeschreibungen auffaßt[40] — dies um so mehr, als sich *McCartys* Bemerkung, eine wesentliche Eigenschaft TAXMANs sei die Auffindung einer vollständigen Situationsbeschreibung anhand einer nur teilweise ausgeführten, fast wie eine Paraphrase der Darmstädter These liest.

TAXMAN hat die Anfangsstufe eines insgesamt sehr ehrgeizigen, selbst wissenschaftstheoretische Aspekte miteinbeziehenden Projekts erreicht. Eingebunden in die allenthalben vorangetriebene AI-Forschung, hat es nicht zuletzt deswegen gute Realisierungschancen, weil es dank der Struktur seiner knowledge base auf den Durchbruch der Barriere der natürlichen Sprache hin angelegt ist.

---

[39] Zu DISUM vgl *H.-W. Schramm, D. Suhr,* DISUM, in: *D. Suhr* (Hrsg), Computer (Anmerkung 2), 21–124.

[40] *D. Rave et alii,* Paraphrasen (Anmerkung 32).

2.4 Unerlaubte Handlungen

Weltmodelle erfordern nach dem gegenwärtigen Stand der AI-Forschung noch einen so großen Aufwand, daß man sich notgedrungen nach einer kleinen Welt umsehen muß, die sich mit den zur Verfügung stehenden Techniken modellieren läßt. Diese Annahme liegt den Systemen, die in Stanford entwickelt wurden, ebenso zugrunde wie R2 oder TAXMAN. Am MIT erfuhren wir dann, daß sie nicht unerschütterlich feststeht: *Jeffrey A. Meldman* von der MIT Sloan School of Management arbeitet an einem System, das Fälle aus dem Recht der unerlaubten Handlungen (torts) lösen soll. Leider ergaben sich in letzter Minute terminliche Schwierigkeiten, die ein längeres Gespräch mit *Meldman* vereitelten[41].

Die aus Korrespondenz, Telefonaten und Gesprächen mit am Projekt nicht unmittelbar Beteiligten gewonnenen Informationen rechtfertigen es aber, das System hier zumindest zu erwähnen, auch wenn sie nicht mehr durchschimmern lassen als das dem Leser inzwischen schon vertraute Bild derartiger Systeme: Über einer knowledge base mit Netzstruktur, die Kenntnisse über die Welt und das Recht der unerlaubten Handlung sowie linguistische Regeln enthält, sind Operationen definiert, die mit diesem Wissen hantieren können, neue Informationen hinzufügen, alte wiederfinden, Schlüsse ziehen, Substitutionen vornehmen. Im Dialog mit dem Benutzer werden die Charakteristika eines konkreten Falls aufgenommen und durch gezielte Fragen ergänzt. Wie *Meldman* allerdings die Komplexität einer Welt in den Griff bekommt, die sich aus einer Vielfalt von Situationen, Ereignissen und hochstufigen Konzepten aufbaut, diese zentrale Frage müssen wir unbeantwortet lassen.

Der Kontakt mit *Meldman* ergab sich über seine Mitarbeit an einem anderen, vom MIT und der Boston College Law School gemeinsam betriebenen Projekt, das juristische Probleme mit elektronischer Datenverarbeitung analysieren und lösen will, jedoch von einem ganz anderen Ansatz her: Ihm sind nicht Rechtsnormen als solche von Interesse, sondern wie sie im Verhalten und der Interaktion rechtlicher Institutionen und Rollenträger ihren Niederschlag finden. Dieser Betrachtungsweise, die im rechtlichen Realismus angelsächsischer Schule ihre Tradition hat[42], kommt ein Formalismus zupaß, der die elegante Beschreibung von Abläufen oder Prozessen als gerichtete Graphen ermöglicht, das nach dem Deutschen *Carl A. Petri* genannte Petri-Netz[43]. Mit seiner Hilfe lassen sich zB die Stationen und der Informationsfluß eines Zivilprozesses oder des Gesetzgebungsverfahrens graphisch darstellen, auf einem Computer simulieren und analysieren, was realistische Perspektiven auf ein Prozeßrechts-Informationssystem eröffnet.

---

[41] *Meldman* bereitet zZt eine Veröffentlichung über sein Projekt vor.

[42] Vgl zB *K. N. Llewellyn*, A Realistic Jurisprudence – The Next Step, Columbia Law Review 30 (1930), 442 f.

[43] Zur Bedeutung von Petri-Netzen für rechtliche Verfahren vgl *J. A. Meldman, A. W. Holt*, Petri Nets and Legal Systems, JJ 12 (1971), 65–75, *M. W. Marean*, Modeling Legal Behaviour, Xerokopie, Boston 1975, erhältlich vom Autor, Boston College Law School, Brighton, Mass. 02135. Eine gute Einführung in die Theorie der Petri-Netze ist enthalten in: Massachusetts Institute of Technology, Project MAC Progress Report VIII, Cambridge, Mass. 1971, 13–23.

Meldmans Ausfall als Gesprächspartner bot uns Gelegenheit, uns in weiterem Umfang als geplant mit anderen AI-Aktivitäten am MIT bekannt zu machen, von denen in aller Kürze und mit dem caveat berichtet werden soll, daß uns für diese Institution nur drei Tage zur Verfügung standen, während wir uns in Stanford, dem anderen großen AI-Zentrum, immerhin drei Monate lang aufhalten konnten.

Die AI-Forschung am MIT wird von zwei Untergliederungen getragen, die miteinander in regem Austausch und Wettbewerb stehen: dem 1963 auf Initiative der ARPA ins Leben gerufenen Project MAC[44] und dem 1970 aus MAC hervorgegangenen AI Laboratory[45].

Nach unserem Eindruck wird am MIT in insgesamt wohl größerer Breite als in Stanford theoretische Arbeit betrieben, die von allgemeiner Bedeutung für die Wissenschaft von der AI ist. Sowohl *Terry Winograds* SHRDLU, das System, das, mit einem künstlichen Auge und einem mechanischen Arm ausgestattet, über eine aus Bauklötzen zusammengesetzte Mikro-Welt einen Dialog in natürlicher Sprache führen und sie verändern konnte und das den Grund für das derzeit womöglich einflußreichste Werk über AI und Sprache legte[46], als auch *Marvon Le Minskys* „frame-systems theory"[47] wurden am MIT konzipiert. *Minsky* unternimmt den Versuch, bisher disparate Stränge der AI-Forschung, Psychologie und Linguistik zusammenzufassen, indem er das Konzept der frames (etwa: Rahmenmodelle) einführt, Netzstrukturen, die Kenntnisse über Standardsituationen enthalten und Vorsorge für die Anpassung an konkrete Situationen durch Anschlußstellen (slots) für sub-frames treffen. Gleichzeitig sind einem frame Informationen darüber beigegeben, wie er zu gebrauchen ist (eine wichtige Eigenschaft für die sog. Programme mit common sense, die Auskunft über sich selber geben können), wie sich die Situation wahrscheinlich weiter entwikkeln wird bzw was zu tun ist, wenn diese Erwartung nicht eintrifft. Mit seiner Theorie koppelt *Minsky* einen Angriff auf die herkömmlichen, auf der Basis der formalen Logik arbeitenden Systeme. Seine These ist, daß die Beschränkungen der formalen Logik, insbesondere ihre Unfähigkeit, mit Annäherungswerten und -verfahren zurechtzukommen, nur durch Systeme überwunden werden können, die zwar auch logisch schließen, aber in erster Linie Assoziationen und Analogien finden oder tentative Pläne machen[48].

---

[44] Das Akronym steht für drei Forschungsbereiche: Multiple-Access Computer Systems, Machine-Aided Cognition und Interaction between Men and Computers.

[45] Über die Arbeit des Project MAC informieren neben den zahlreichen Technical Notes, Memos etc die bereits in Anmerkung 43 erwähnten Project MAC Progress Reports, Cambridge, Mass. 1963 ff. Für einen Überblick über die Arbeit des MIT AI Laboratory vgl zB *P. H. Winston,* New Progress in Artificial Intelligence (MIT AI Technical Report 310), Cambridge, Mass. 1974 und MIT AI Laboratory, Proposal (Anmerkung 29).

[46] *T. Winograd,* Understanding Natural Language, New York and London 1972.

[47] Zur frame-systems theory gibt es bisher nur ein Arbeitspapier, *M. L. Minsky,* A Framework for Representing Knowledge (MIT AI Laboratory AI Memo No. 306), Cambridge, Mass. 1974. Die Verbreitung, die dieses Papier bereits gefunden hat, läßt erwarten, daß es eine neue Phase der AI-Forschung initiieren wird.

[48] *Minsky* aaO S 78: „... thinking begins first with suggestive but defective plans and images that are slowly (if ever) refined and replaced by better ones".

Auch die Arbeit an neuen symbolischen Sprachen, die in engem Kontakt zu den eher anwendungsbezogenen Projekten stattfindet, läßt sich der Grundlagenforschung zuordnen. LISP wird in einer leistungsfähigeren Version (LISP 1.6) weiterentwickelt, auf seiner Basis entstehen andere listenverarbeitende Sprachen wie MAPL, OWL, MICRO-PLANNER und CONNIVER, die sich allesamt durch spezifische Vorzüge gegenüber LISP auszeichnen, ohne jedoch dessen Anwendungsspektrum zu erreichen[49].

Von den zahlreichen AI-Anwendungen, die am MIT implementiert werden, haben wir uns mit einem einerseits von unserer Arbeit an JUDITH, andererseits von unseren Erfahrungen in Stanford vorgeprägten Interesse vor allem mit question—answering systems, also Dialogsystemen, befaßt.

Ähnlich wie am SRI stellt auch das am MIT im Aubau befindliche Reparaturberatungssystem das Projekt dar, in das die Forschungsergebnisse aus allen Teilbereichen der AI am umfassendsten eingehen sollen, von der representation of knowledge über die sinnliche Wahrnehmung bis hin zum Erkennen und Verstehen des gesprochenen Wortes[50]. Daneben stehen die Anstrengungen, die auf ein medizinisches Diagnosesystem hinzielen[51]. Anders als MYCIN hat dieses Projekt noch keine praktischen Ergebnisse gezeitigt, was unter anderem mit dem Schwerpunkt zusammenhängt, den die Verantwortlichen auf die theoretischen Vorarbeiten legen. Die Schwierigkeiten bei der Formulierung einer Theorie klinischer Entscheidungsprozesse stehen denen rechtswissenschaftlicher Theoriebildung nicht nach. Entsprechend läßt sich vermuten, daß die Beschäftigung mit der Programmierung intelligenter juristischer Entscheidungshilfen ähnliche Erträge bringen wird, wie sie auf medizinischem Gebiet bereits verzeichnet und noch erwartet werden.

Im Zuge der Implementierung eines Management-Informations-Systems, dessen Beschreibung einen guten Einblick in die Methoden der neuen, den *Chomsky*schen formalen Ansatz zugunsten empirischer Suche nach heuristischen Regeln vernachlässigenden Linguistik gibt[52], wurde die Idee eines computerisier-

---

[49] Einen Überblick über die am MIT entwickelten Sprachen bietet das in Anmerikung 29 zitierte Research Proposal auf S 107. Zu MAPL vgl ferner *W. A. Martin et alii*, More MAPL: Specifications and Basic Structures (Automatic Progamming Group, MIT Project MAC Internal Memo 8), Cambridge, Mass. oJ; zu OWL *G. P. Brown*, An OWL's-Eye View of Piggy Banks (APG MIT Project MAC Internal Memo 19), Cambridge, Mass. 1974; zu CONNIVER *P. H. Winston*, New Proggress (Anmerkung 45), 33—41.

[50] Das Projekt wird beschrieben im Research Proposal (Anmerkung 29), 7—22; die Entwicklung erfolgt im engen Zusammenhang mit der eines Electronic Circuit Debugger, ebd 23—34.

[51] Vgl *G. J. Sussman*, Some Aspects of Medical Diagnosis (MIT AI Laboratory Working Paper 56), Cambridge, Mass. 1973; *A. D. Rubin*, Artificial Intelligence Approaches to Medical Diagnosis (MIT AI Laboratory Working Paper 65), Cambridge, Mass. 1974; *G. A. Gorry*, Computer Laboratory for Clinical Decision-Making (Xerokopie), Cambridge, Mass. 1974.

[52] Vgl *Ashok Malhotra*, Control Structure for a Question-Answering System (MIT Sloan School of Management Working Paper No. 693—74), Cambridge, Mass. 1974; ein Überblick über das Projekt findet sich in: Project MAC Progress Report VIII (Anmerkung 43), 103—110.

ten persönlichen Assistenten erstmals konkreter verfolgt[53]. Ein Programm, das intelligent genug ist, seinem Benutzer Verwaltungsaufgaben wie das Führen eines Terminkalenders, die Aufnahme und Versendung von Briefen oder die Erstellung von Karteien abzunehmen und ihm als elektronisches Notizbuch zu dienen, hat über seinen offenkundigen praktischen Wert hinaus auch theoretischen Ehrgeiz: Ein geläufiges „AI-Paradox" besagt, daß es leichter ist, hochspezialisierte intelligente Programme zu bauen, als Allzweckprogramme, die sich auf anspruchsloserem Niveau vernünftig verhalten. Mit dem Bau eines persönlichen Assistenten gilt es daher zu zeigen, daß die AI-Forschung nach ihrem Entwicklungsstand dieses Paradox hinter sich gelassen hat. Nur am Rande sei vermerkt, daß derartige Programme mit der wachsenden Verbreitung von Mikro-Computern auf Halbleiterbasis eine reale Chance haben, nicht nur Spielzeug privilegierter Wissenschaftler mit Zugang zu Großrechenanlagen zu bleiben.

2.5 Erträge und Anregungen für JUDITH

JUDITHs juristisches Wissen ist in Form von Präpositionen abgespeichert. Bedenken, daß der Gehalt von Rechtssätzen mit der präpositionalen Logik nicht erfaßt werden kann, sondern nach modalen oder deontischen Logiken verlangt[54], verlieren zunehmend an Überzeugungskraft[55].

Wenn wir daher eine Abkehr von der präpositionalen Ebene ins Auge fassen, dann nicht zugunsten der Normlogik, sondern im Hinblick auf die Vorteile, die eine Prädikaten-Struktur für die Organisation von Daten (und das heißt in diesem Zusammenhang: von Sätzen) bietet. Unsere Entscheidung für das bislang verwendete präpositionale Format war von zwei Gründen bestimmt: Zum einen ist die symbolische Darstellung von prädikativen Sätzen mittels der herkömmlichen Programmiersprachen nur unter sehr großem Aufwand zu leisten. Zum anderen boten sich Präpositionen für eine gefällige Gestaltung des Dialogs zwischen Benutzer und Computer an, was uns als unabdingbare Voraussetzung dafür erschien, programmierte juristische Entscheidungshilfen für Juristen überhaupt demonstrierbar und diskussionsfähig zu machen. Aus diesem Motiv haben wir auch auf eine Standardisierung der von JUDITH verarbeiteten Sätze verzichtet.

Beide Gründe sind, so haben unsere in den USA gewonnenen Erfahrungen gezeigt, nicht mehr länger tragfähig für die uns auferlegten Selbstbeschränkungen. Insbesondere läßt die Aussicht auf Systeme, die natürliche Sprache verstehen, es vertretbar erscheinen, bei der künftigen Arbeit an intelligenten juristi-

---

[53] Research Proposal (Anmerkung 29), 86–88. Ein den Angehörigen der Universität Stanford zugängliches interaktives Informationssystem, SPIRES, bietet bereits einige Programme an, die zB den Austausch von Memos oder die Führung eines elektronischen Notizbuchs ermöglichen.

[54] Vgl etwa *D. Rave et alii* (Hrsg), Logische Struktur von Normensystemen am Beispiel der Rechtsordnung, Darmstadt 1971.

[55] Selbst ein eingefleischter Normlogiker wie *Philip Mullock* (vgl etwa seinen Aufsatz, The Hohfeldian Jural Opposite, Ratio 8 (1971), 158–165) ist gesprächsweise geneigt einzuräumen, daß ein System von Rechtssätzen für Zwecke der automatisierten Rechtsanwendung schon mit Propositionalsätzen adäquat ausgedrückt werden kann.

schen Systemen den Gefälligkeitsaspekt in den Hintergrund treten zu lassen, zumal da gerade dadurch ein späterer Anschluß leistungsfähiger Übersetzungsprogramme erleichtert wird. Der Übergang zu einer prädikatenlogischen Struktur der knowledge base schließlich ist geboten, weil nur so der Programmieraufwand für die Routinen und Netze, die einem intelligenten juristischen System die o. 1.2, 1.3 umrissenen Fähigkeiten verleihen, in erträglichen Grenzen gehalten werden kann.

Die Verwirklichung eines solchen Projekts erfordert Mittel, die uns nicht zur Verfügung stehen, und know how, das wir erst in Ansätzen besitzen. Dennoch bestehen gute Aussichten, es auf der Grundlage der gegenwärtigen Version JUDITHs in Angriff zu nehmen. In einem ersten Schritt, in dem das Programm selbst, abgesehen von einer Straffung und Durchforstung, nicht angetastet werden müßte, wäre eine Datenbasis zu erarbeiten, die ähnlich der TAXMANs ein weitgehend abgeschlossenes Rechtsgebiet mit einer begrenzten Zahl von Objekten, Agenten und Aktionen erfaßt; geeignet erscheinen uns zB das Wechselgesetz oder das Scheckgesetz; Vorlagen für kleine Weltmodelle finden sich aber auch im besonderen Verwaltungsrecht. Bei der Aufarbeitung des gewählten Rechtsgebiets, die wie bisher vernetzte Präpositionen zum Ergebnis hätte, würde deren Standardisierung eingeübt, wobei in Anlehnung an die o. 2.2, 2.3 beschriebenen Systeme zwischen verschiedenen Klassen von Sätzen zu unterscheiden ist: denkbare Kategorien wären etwa Definitionssätze, Handlungssätze, Sätze, die juristische oder linguistische Regeln enthalten, und Sätze über die Welt des Wechselverkehrs. Eine solche Unterscheidung im Verein mit der Standardisierung ist uE Voraussetzung für die Übernahme der aufgearbeiteten Präpositionen in ein Netz mit prädikatenlogischer Struktur, wie sie in einem zweiten Schritt erfolgen müßte. Erst dann ist daran zu denken, intensiv an die Verwirklichung der o. 1.3 diskutierten Programmschikanen zu gehen; erst dann wird es auch möglich, Zeit- und andere Bezugsprobleme zB auf der Basis von *Minskys* frame-systems anzugehen.

3 Theorien des Problemlösungsverhaltens im Schnittpunkt von Psychologie und AI (Pittsburgh, Storrs, Montréal)

3.1 Schachposition und Rechtsfall

Die AI-Forschung hat Traditionen und Schulen, die verschiedene Begriffe von AI hervorgebracht haben und verschiedene Forschungsziele und -methoden verfolgen[56]. Ein besonders wichtiges Unterscheidungsmerkmal der verschiedenen Richtungen ist deren Verhältnis zur Psychologie. So gibt es in der AI-Forschung einerseits einen gewissermaßen abstrakt-normativen Ansatz, der von der Frage ausgeht, wie Probleme gelöst werden sollen, und der darauf die Antwort sucht, indem er aus den Gehalten eines Problems dessen Lösungsbedingungen und Lösungsweg deduziert. Dieser Ansatz hat seine Entsprechungen in einer Wissenschaftstheorie, die Wissenschaftsfortschritt zum Prozeß von De-

---

[56] Vgl die Hinweise bei *W. Popp* und *B. Schlink*, Skizze (Anmerkung 1) und eingehend *N. J. Nilsson*, Artificial Intelligence (Anmerkung 29).

duktionen, Bewährungen und Falsifikationen abstrahiert, sowie in einer Entscheidungstheorie, die Entscheidungsfindung als umfassende Ermittlung und Verrechnung von Informations- und Bewertungsdaten normiert. In der AI-Forschung gibt es andererseits eine psychologisch-deskriptive Richtung, die mit der Frage ansetzt, wie Probleme gelöst werden, und die Programme als Simulation menschlichen Problemlösungsverhaltens konzipiert. Auch diese Richtung findet ihre Entsprechungen in den neueren historischen und genetischen Fragestellungen der Wissenschaftstheorie sowie in einer Entscheidungstheorie, der die psychologischen und soziologischen Fragestellungen den normativen vorgeordnet sind.

Der Blick auf diese Entsprechungen macht nicht nur für die innere Zusammengehörigkeit von Wissenschaftstheorie, Entscheidungstheorie und AI-Forschung sensibel, sondern auch für die vielfältigen Beziehungen, die zwischen einerseits der abstrakt-normativen und andererseits der psychologisch-deskriptiven Tendenz bestehen. Wo der abstrakt-normative Ansatz die Möglichkeiten des wissenschaftlichen Systems, des Entscheiders oder des Computers überzieht, da spätestens muß er sich psychologischen oder soziologischen Problemen stellen; und wenn dem psychologisch-deskriptiven Ansatz das tatsächliche Problemlösungsverhalten im Vordergrund steht, so werden ihm dessen Normierung und Optimierung doch ein Thema in Fragen der Problemlösungsadäquanz und des abweichenden Verhaltens. Im übrigen hat jedes abstrakt-normative Entscheidungs- und Problemlösungsmodell seine verschwiegenen psychologischen oder soziologischen Annahmen, die es in der Konfrontation herauszuarbeiten und zu überprüfen lohnt.

Die Carnegie-Mellon University ist Ort einer besonders profilierten unter den AI-Schulen der USA. Die Forschungen sind einheitlich an einem psychologischen Ansatz orientiert, den *Alan Newell* programmatisch so formuliert: „that artificial intelligence is simply part of theoretical psychology“[57]. Wie sich dieser Ansatz zur Geltung bringt, sei an den in Carnegie-Mellon betriebenen Forschungen zum Schachspiel vorgeführt[58]. Sie haben mit Rechtsproblemen und Rechtsinformatik mehr zu tun, als dies zunächst den Anschein haben mag.

Der Schachspieler. der bei der Suche nach dem nächsten Zug die sich anbietenden Möglichkeiten einigermaßen vollständig durchmustern will, muß Such-

[57] *J. Moore, A Newell,* How Can Merlin Unterstand?, in: *L. W. Gregg* (Hrsg), Knowledge and Cognition, Potomac 1974, 201-252 (201). Einen Überblick über die Forschungen von *A. Newell, H. A. Simon* und der AI Schule in Carnegie-Mellon bietet der Sammelband *A. Newell, H. A. Simon,* Human Problem Solving, Englewood Cliffs 1972.

[58] Bei der folgenden Darstellung sind Verfeinerungen und Verkürzungen unvermeidlich. Der interessierte Leser sei verwiesen auf S 661–784 des in der letzten Fußnote angeführten Sammelbandes sowie auf *H. A. Simon, W. G. Chase,* Skill in Chess, American Scientist 61 (1973), 394–403, *H. A. Simon, K. Gilmartin,* A Simulation of Memory for Chess Positions, Cognitive Psychology 5 (1973), 29–46, *W. G. Chase, H. A. Simon,* Perception in Chess, Cognitive Psychology 4 (1973), 55–81. – Zur paradigmatischen Bedeutung der Forschungen zum Schachspiel vgl *H. A. Simon, W. G. Chase,* aaO 394: „As genetics needs its model organisms, its Drosophila and Neurospora, so psychology needs standard task environments around which knowledge and understanding can cumulate. Chess has proved to be an excellent model environment for this purpose.“

bäume konstruieren, die rasch zu hoher Komplexität anwachsen. Er möge nur fünf Züge und jeweils fünf Gegenzüge in Betracht ziehen. Denkt er dabei drei Züge und Gegenzüge voraus, dann hat er schon mit 18 625 Möglichkeiten zu tun. Man ist geneigt, die Spielqualität eines Schachmeisters seiner Fähigkeit zuzuschreiben, solche den Schachamateur überfordernde Komplexität im Bewußtsein zu halten und systematisch zu bearbeiten. Davon ausgehend liegt es nahe, die Entwicklung eines Schachspielprogramms als Entwicklung einer Folge von Programmschritten zu versuchen, bei der Serien von Zugmöglichkeiten jeweils generiert und getestet werden – darauf vertrauend, daß sich die Komplexität dank der Fähigkeit des Computers zum Speichern und Verarbeiten großer Datenmengen kleinarbeiten lasse. Weiter bietet es sich an, Qualität des Schachspiels, Größe des Suchbaums und Schnelligkeit des Suchvorgangs einander zuzuordnen und beim besonders guten Spieler eine besonders tiefe und rasche Suche anzunehmen.

Das Generieren und Testen aller oder fast aller möglichen Zugserien übersteigt jedoch die Kapazität des Computers. Ein Schachspielprogramm braucht eine Heuristik. Kennzeichnend für Carnegie-Mellon ist, daß hier die Falsifikation der obigen psychologischen Annahme den Weg zur Heuristik freimachte. Im Experiment zeigte sich, daß bei Großmeistern, Meistern und Amateuren kein Unterschied aufweisbar ist, was die Zahl der untersuchten Züge, die Tiefe der Suche oder deren Schnelligkeit angeht. Was also befähigt den Schachmeister, meist den stärksten Zug zu machen, und warum wählt der Schachamateur oft schwache Züge? Ein weiteres Experiment stellte die Aufgabe, Schachpositionen zu rekonstruieren, die für einige Sekunden lang vorgeführt worden waren. Dabei waren die Leistungen der Großmeister und Meister deutlich besser als die der Amateure; während diesen die Rekonstruktionen nur zu rund 50 % gelangen (den Anfängern glückten sie nur zu 33 %), konnten jene Positionen von 25 Steinen mit nahezu 100%iger Genauigkeit rekonstruieren. Daß diese Ergebnisse nicht mit besserem Kurzzeitgedächtnis der Schachmeister zu erklären sind, ergab wieder ein Experiment. In diesem wurden dieselben 25 Steine, die zuvor Positionen aus Meisterspielen dargestellt hatten, wahllos-zufällig aufgestellt. Hier nun schnitten bei der Rekonstruktionsaufgabe Großmeister und Anfänger, Amateure und Meister gleich schlecht ab. Hier, wo sich anders als zuvor keine Muster (patterns) in den Positionen wahrnehmen ließen, konnte sich die Spielqualität der Großmeister und Meister nicht geltend machen. Experimente, in denen Augenfixierungen und -bewegungen von Schachmeistern registriert wurden, die vor eine Schachposition geführt und instruiert wurden, den besten Zug zu finden, bestätigten die Bedeutung solcher Muster, mit deren rascher Wahrnehmung und Erkennung der Meister die Suche nach dem besten Zug beginnt. Nicht die Gründlichkeit der Suche, sondern die Identifikation von Mustern macht den guten Schachspieler. Was macht den guten Juristen? Bei der Entwicklung von JUDITH haben wir einen Weg verfolgt, der weniger daran orientiert war, wie Juristen und wie gerade gute Juristen denken, sondern mehr an gängigen Vorstellungen davon, wie Juristen denken sollen, wie sie es anstellen müssen, wenn sie die Rechtsprobleme eines Falles gründlich untersuchen wollen. Auch dieser Weg hat zu der Frage geführt, welche Rolle vertraute Rechtsfiguren, typische Fallkonstellationen und geläufige Verwandtschaftsbeziehungen zwischen Rechtsgebieten für den Juristen spielen und daher auch für JUDITH spielen sollten[59]. Aber die Identifikation solcher Muster ist für den Juristen wichtig genug, um einmal auch zum Ausgangspunkt für die Entwicklung von AI-Konzepten im Recht genommen zu werden. Vorüberlegungen dazu können spekulativ angestellt und müssen experimentell überprüft werden. Spekulieren läßt sich über die Wahrnehmung der Ähnlichkeit von Fällen, über die Bedeutung von Grundsatz- oder Leitentscheidungen, an denen sich nicht nur die Praxis orientieren, sondern auch Wissen ankristallisieren kann, über das Leitmotiv, das Entscheidungssequenzen in der Rechtsprechung und Fallvariationen in einem Studienbuch, über Problemsyndrome, Lösungsschemata und Argumentationsmuster. Macht vielleicht statt der gründlichen Überprüfung anfallender Rechtsfragen die rasche Erkennung traditioneller Problemtypen den guten Juristen? Was ist es, das unter Juristen als Judiz, als treffsicherer Blick für die Probleme und deren Lösungen gilt? Zur Klärung solcher Spekulationen bedarf es des Experiments. Wenn Juristen einen zu bearbeitenden Fall lesen — worauf fällt der Blick des guten Juristen zuerst und wohin kehrt er vielleicht immer wieder zurück? Schachspieler werden im Experiment zum auf Tonband protokollierten lauten Denken angehalten — was denken gute, durchschnittliche und schlechte Juristen laut, die mit einem Rechtsfall befaßt werden? Welche Rechtstexte behalten welche Juristen besonders gut oder besonders schlecht? Aus solchen Experimenten könnte ein Forschungsprogramm bestehen, dessen Antwort auf die Frage, wie Juristen denken, für Rechtstheorie ebenso wie für Rechtsinformatik von Bedeutung wäre.

Welcher Art die Muster sind, die Problemerkennung ermöglichen und Problemlösung erleichtern, läßt sich mit Vorsicht von der Schachposition auf den Rechtsfall übertragen. Denn beidemal bieten sich dieselben Alternativen für die Deutung dessen an, was als Muster eigentlich identifiziert wird. Bei Deutung in einem assoziativen Sinn sind es eher die Mittelspielsituation, in der *Boleslawsky* 1941 in Moskau durch seinen verfehlten 24. Zug die Partie an *Botwinnik* verlor, und die Verfassungsbeschwerde des ehemaligen Geschäftsführers des von Rhodichschen Legatenfonds, über den das Bundesverfassungsgericht im 15. Band entschieden hat, die erinnert werden. Bei Deutung in einem systematischen Sinn werden eher das Problem gesetzgeberischen Unterlassens mit der Besonderheit enumerativer Regelung und die Chancen einer starken Stellung der weißen Springer erkannt und erinnert. Im Schach liegt nach dem Ergebnis der Experimente die Deutung im systematischen Sinn näher: Kleinere Einheiten — das starke Springerpaar, der fianchettierte Läufer, die offene Turmlinie — scheinen im Langzeitgedächtnis des guten Schachspielers in freilich lockerer Systematik gespeichert zu sein, unter der Überschrift Königsflügel etwa die geschlossene Bauernstellung, der fianchettierte Läufer und die verzögerte kurze Rochade. Mit der erwähnten Vorsicht ist auch beim guten Juristen die immerhin locker systematische Organisation des Langzeitgedächtnisses zu vermuten.

Die Fähigkeit zur Identifikation von Mustern erklärt die Spielqualität des guten

[59] Vgl oben 1.3.

Schachspielers allerdings noch nicht hinreichend. Die psychologische Hypothese geht dahin, daß der Schachmeister nicht nur mit Tausenden von Mustern vertraut ist[60], sondern diese als Bedingungen von Konditionalprogrammen gespeichert hat. Ihm fällt bei einer Mittelspielposition die offene Linie nicht nur auf, sondern es fällt ihm auch sogleich ein, daß auf eine offene Linie ein Turm gehört. Der durch das Konditionalprogramm nahegelegte Zug wird zwar noch mal analysiert, aber der reiche Schatz von Konditionalprogrammen läßt dem Meister die Analyse treffsicherer geraten als dem Amateur, der nur über einen kleinen Vorrat an Mustern und Konditionalprogrammen verfügt. Dieses Funktionieren von Konditionalprogrammen und das Zusammenspiel von Konditionalprogramm und Analyseroutine sind nicht nur von der Psychologie des Schachspiels vertraut. Es ist der AI-Forschung als Konzept sogenannter Produktionssysteme geläufig, und seine Tauglichkeit, Kontrollstrukturen bei Informationsverarbeitungsprozessen des Menschen zu modellieren, konnte an verschiedenen Aufgaben erwiesen werden[61].

Für die Arbeit an der Aufgabe, den Computer zum Schachspieler zu programmieren, stand der Aufbau von subtilen Suchbäumen als Voraussetzung für die Auswahl des optimalen Zugs lange im Vordergrund[62]. Die berichteten Forschungen führten zu einer beinahe umgekehrten Strategie. Diese sucht nicht, die Menge aller möglichen oder aller passablen Züge zu erschließen, um aus ihnen den optimalen auszuwählen, sondern identifiziert die in der Schachposition erkennbaren Muster, fragt nach den zugeordneten Konditionalprogrammen, erfährt den durch die Konditionalprogramme nahegelegten Zug und baut Suchbäume schließlich noch insoweit auf, als es die Analyse des nahegelegten Zugs erfordert. Die Erforschung des Problemlösungsverhaltens von Schachspielern führte also zu einer besonders effektiven Heuristik: Die Strategie reduziert die Komplexität, die der Suche nach dem nächsten Zug beim Schachspiel eignet, schon im Ansatz. Wegen des Problems der natürlichen Sprache kann die Erforschung des Problemlösungsverhaltens von Juristen nicht ebenso gradlinig in eine effektive Strategie für die Rechtsinformatik umgesetzt werden. Aber schon auf den Umwegen der Umsetzung kann sie zu wertvollen Anregungen führen.

3.2 Tatsachenmuster und Entscheidungsprognosen

Die Bedeutung der Identifikation von Mustern im Recht zu belegen, hätte es des Spekulierens über Ähnlichkeiten zwischen Schachposition und Rechtsfall, zwischen Problemlösungsverhalten des Rechtsanwenders und Problemlösungsverhaltens des Schachspielers nicht bedurft. Untersuchungen der Tatsachenmuster (fact patterns) von Rechtsfällen sowie der Abhängigkeiten, in denen Gerichtsentscheidungen von Tatsachenmustern stehen, haben in den USA eine fast zwan-

---

[60] *Simon* und *Chase* schätzen, daß der Meister mit rund 50 000 Schachmustern vertraut ist und der Großmeister über einen noch größeren Vorrat an Schachmustern verfügt, vgl ihren in der vorletzten Anmerkung angeführten Aufsatz, S 402.

[61] Vgl *A. Newell*, Production Systems: Models of Control Structures, in *W. G. Chase* (Hrsg), Visual Information Processing, New York 1973, 463–526.

[62] Über die früheren Versuche von Schachprogrammen berichten *A. Newell et alii*, Chess-Playing Programs and the Problem of Complexity, IBM Journal of Research and Development 2 (1958), 320–335.

zigjährige Geschichte[63]. Weder aus einem psychologischen oder rechtstheoretischen noch aus dem Interesse an AI entstanden, vielmehr auf das Ziel der Voraussage von Gerichtentscheidungen ausgerichtet, haben diese Untersuchungen von Tatsachenmustern im Recht jedoch meist wenig mit dem zu tun, was Juristen als Muster wahrnehmen. Daß sie mit mathematischen Methoden Tatsachenmuster in Rechtsfällen ermitteln, die Juristen gar nicht mehr wahrnehmen könnten, machen sie zuweilen gerade als ihr Verdienst und als Gewähr für die Qualität ihrer Prognosen geltend.

Das Entdecken von Tatsachenmustern und die Voraussage von Gerichtsentscheidungen gewissermaßen hinter dem Rücken des handelnden Juristen ist kritisiert worden[64]. Der Kritik scheint ein Bruch in dem Untersuchungsprogramm zu liegen, das zwar den Tatsachen selbst nur dann analytische und prognostische Bedeutung zuerkennt, wenn sie dem Richter plausibel gemacht werden konnten, das aber den Tatsachenkombinationen, die einen Rechtsfall konstituieren, auch und gerade dann Musterhaftigkeiten und Regelmäßigkeiten abgewinnt, wenn der Richter diese nicht wahrgenommen hat. Daß erst in forensischer Argumentation und richterlicher Interpretation Tatsachen zu operativen Faktoren der Rechtsfindung würden, werde zwar im Ansatz erkannt, aber in seiner Bedeutung nicht berücksichtigt. Von der richterlichen Tatsachenwahrnehmung habe sich die Analyse richtig den die Tatsachenwahrnehmung und -verarbeitung leitenden Einstellungen und Verhalten des Richters sowie der forensischen Situation zuzuwenden. Uns scheint die Kritik nur ein Stück weit berechtigt. In den Rechtsgebieten, in denen es dogmatische Strukturen und daher Standards forensischer Argumentation und juristischer Interpretation von Tatsachen gibt, bedarf es in der Tat keines Rückgriffs auf nicht oder kaum wahrgenommene Tatsachenmuster[65]. Aber daneben gibt es andere, dogmatisch schwach strukturierte und juristischer Argumentation nicht recht erschlossene Rechtsgebiete. In ihnen scheint eine Untersuchung von Tatsachenmustern, die für eine sonst zufällig und beliebig wirkende Rechtsprechung Strukturen und Konsistenz ermittelt, ergiebig.

Für die Arbeit an JUDITH sind die Untersuchungen von Tatsachenmustern von einem zunächst ganz konkreten Interesse. Wo sich wegen eines Fehlens dogmatischer Bearbeitung ein Rechtsproblem nicht mehr in Prämissensätze verschiedener Allgemeinheit kleinarbeiten läßt, da scheint es zunächst, als müsse ein Dialogsystem vom Stil JUDITHs oder MYCINs versagen und als könne dem Be-

---

[63] Beginnend mit *F. Kort,* Predicting the Supreme Court Decisions Mathematically: A Quantitative Analysis of the "Right-to-Counsel" Cases, American Political Science Review 51 (1957), 1–12.

[64] Vgl *H. Rottleuthner,* Richterliches Handeln. Zur Kritik der juristischen Dogmatik, Frankfurt/M. 1973, 72, unter Hinweis auf *G. Schubert* (Hrsg), Judicial Behaviour, Chicago 1964, 452.

[65] *F. Kort,* Simultaneous Equations and Boolean Algebra in the Analysis of Judicial Decisions, Law and Contemporary Problems 28 (1963), 143–163 (161), vermeidet denn auch sorgfältig, den von ihm entwickelten Methoden der Untersuchung von Tatsachenmustern eine Bedeutung für alle Rechtsgebiete zuzuschreiben. In den dogmatisierten Rechtsgebieten ist an die Untersuchung von Tatsachenmustern lediglich als an ein Mittel der Kritik und Kontrolle dogmatischer Routinen zu denken.

nutzer nur noch der Zugang zu einem angeschlossenen Dokumentationssystem wenigstens in der Weise helfen, daß er für die Bearbeitung des Rechtsproblems einschlägige Rechtsprechungs- und Literaturtexte bekommt. Die Untersuchungen von Tatsachenmustern eröffnen hierzu die Alternative, daß im Dialog die Tatsachen ermittelt werden, aus denen unter Verwendung etablierter Tatsachenmuster eine zur bisherigen Rechtsprechung konsistente Lösung des Rechtsproblems errechnet wird. Die Rechtsgebiete der Schmerzensgeldberechnung und der Strafzumessung zB sind zu schwach dogmatisiert, als daß ihre hierarchische Repräsentation informativ gelingen könnte. Sind aber die verschiedenen Tatsachen ermittelt, auf die Gerichte bei Schmerzensgeldentscheidungen bisher abgestellt haben, sowie die verschiedenen Tatsachenkombinationen, die von Gerichten als tragend für dem Schmerzensgeldkläger günstige Entscheidungen bisher anerkannt wurden, dann kann mit noch gleich zu erörternden Methoden eine Identifikation der Tatsachenmuster gelingen, die nach der bisherigen Rechtsprechung für Schmerzensgeld und für dieses in verschiedenen Höhen Voraussetzung sind. Ein Rechtsgebiet wie das der Schmerzensgeldberechnung wäre für ein solches Unterfangen darum besonders geeignet, weil hier nicht nur Klagabweisung und Klagestattgabe dem Vorliegen oder Nichtvorliegen von Tatsachen korreliert werden können, sondern aus den verschiedenen Höhen des Schmerzensgeldes auf verschiedene Gewichtung von Tatsachen geschlossen werden kann.

Die Untersuchungen von Tatsachenmustern sind für AI-Bemühungen im Recht aber auch von dem allgemeineren Interesse, das oben den Untersuchungen des Schachspiels und des Schachspielers galt. Daß es so ganz hinter dem Rücken des handelnden Juristen geschehe, wenn eine Rechtsprechung in Tatsachenmustern aufweisbare Strukturen und Konsistenz gewinnt, vermag nicht recht einzuleuchten. Zwar kann eine unterdogmatisierte Rechtsprechung von der dogmatischen Denkweise des Juristen nur wenig zu erkennen geben, und dem handelnden Juristen selbst muß es schwer fallen, die Konsistenz und Strukturen dieser Rechtsprechung dogmatisch zu entwickeln und zu begreifen. Aber da, wo das Recht eine dogmatische Bearbeitung noch nicht gefunden hat und daher die dogmatische Denkweise des Juristen nicht operieren kann, ist nicht etwa ein Punkt erreicht, an dem nur noch Einstellungen und Vorurteile zu registrieren und Verhalten und Situationen zu analysieren wären. Vielmehr sind auch hier typische Strukturen und Routinen des juristischen Denkens zu vermuten und zu erforschen. Wie Juristen nichtdogmatisch denken, wann ihnen Fälle als ähnlich gelten, welche Fallkonstellationen von ihnen als musterhaft behandelt werden – für die Beantwortung dieser oben schon angesprochenen Fragen bieten die Untersuchungen von Tatsachenmustern Material. In neueren Arbeiten wird dieser Bezug auch durchaus gewahrt.

Der Untersuchung von Tatsachenmustern hat sich besonders *Fred Kort* von der

University of Connecticut angenommen[66]. Von ihm stammen der erste Vorstoß, der Ausbau des methodischen Instrumentariums und mehrere das Instrumentarium erprobende Analysen amerikanischer, aber auch schweizerischer Rechtsprechung. Er arbeitet mit zwei Modellen, einem mathematischen und einem logischen, die im Umriß vorgeführt seien. Beim mathematischen Modell wird die Menge der Fälle, die in einem umgrenzten Rechtsgebiet entschieden worden sind[67], in eine Menge von Gleichungen überführt, wobei jeweils die Entscheidung eines Falles die abhängige Variable und die Tatsachen des Falls die unabhängigen Variablen sind. Für die Entscheidung wird ein numerischer Wert, abgelesen vom Ergebnis der Abstimmung unter den Richtern[68], als bekannt und werden den Gewichten der Tatsachen entsprechende numerische Werte als unbekannt angesetzt. Die Gleichungen werden nach den Unbekannten aufgelöst, und für jede Tatsache wird ihr Gewicht ermittelt. Bei neuen Fällen, ebenfalls in Gleichungen überführt, können dann die Tatsachen gewichtet und für das Gewicht ihrer Kombinationen numerische Werte bzw. für die Entscheidungen die Abstimmungsergebnisse prognostiziert werden. Wo es an der für eine eindeutige Lösung der Gleichungen erforderlichen Information fehlt, da kann Faktorenanalyse, die Reduzierung der Tatsachen zu Tatsachenfaktoren, helfen. – Anders als beim mathematischen Modell geht es beim logischen[69] nicht um die Gewichtung von Tatsachen und um die Zuordnung von numerischen Werten, sondern um die Überführung einer Menge von Fällen in eine Menge von disjunktiv oder konjunktiv verknüpften Tatsachensätzen, um daraus den für die Entscheidungen maßgebenden logischen Satz von Tatsachen zu ermitteln. Für beide Modelle (und für das mathematische Modell zumal dann, wenn die Faktorenanalyse einbezogen wird) gilt, daß bei zwanzig und mehr Tatsachen und entsprechend vielen Unbekannten bzw Satzelementen Analyse und Prognose so komplex werden, daß sie auf die Hilfe des Computers angewiesen sind. Entsprechend haben *Korts* Arbeiten zur Entwicklung von der Analyse und Prognose dienenden Computerprogrammen geführt.

---

[66] Vgl neben seinen in den letzten Anmerkungen schon angeführten Arbeiten noch Quantitative Analysis of Fact-Patterns in Cases and Their Impact on Judicial Decisions, Harvard Law Review 79 (1966), 1595–1603; A Nonlinear Model for the Analysis of Judicial Decisions, The American Political Science Review 62 (1968), 546–555; Linear and Nonlinear Functions as Criteria for Distinction between Judicial Decisions in Different Legal System, in: *J. F. Herndon, J. L. Bernd* (Hrsg), Mathematical Applications in Political Science, Charlottesville 1971, 5–31.

[67] So hat zB *F. Kort* die Rechtsprechung des United States Supreme Court zu den Rechtsproblemen des unfreiwilligen Geständnisses und des Rechts auf Hinzuziehung eines Anwalts sowie die Rechtsprechung des Connecticut Supreme Court of Errors zum Rechtsgebiet des Schadensersatzes bei Arbeitsunfällen und Berufskrankheiten untersucht.

[68] Bei einer Analyse der deutschen Schmerzensgeldrechtsprechung wären die numerischen Werte der Entscheidungen aus der Höhe des jeweils zuerkannten Schmerzensgeldes zu gewinnen.

[69] Das logische Modell basiert auf Arbeiten von *R. C. Lawlor*, vgl Foundations of Logical Legal Decision Making, M.U.L.L. 4 (1963), 98–114 und neuerdings Excerpts from Fact Content of Cases and Precedent – A Modern Theory of Precedent, JJ 12 (1972), 245–270.

Beiden Modellen gelingt die Verarbeitung von bisheriger Rechtsprechung in Prognosematerial nur dann, wenn die bisherige Rechtsprechung bei der Gewichtung oder Verknüpfung von Tatsachen Konsistenz gezeigt hat. Das beschränkt ihren prognostischen, erhöht aber ihren analytischen Ertrag. Mit den Modellen können Rechtsprechungen auf ihre Konsistenz geprüft, können Rechtsprechungsänderungen und innovative Entscheidungen zwar nicht prognostiziert, aber in der Analyse ermittelt werden. Angesichts dieser Möglichkeit läßt sich der Not beider Modelle und überhaupt jeder Untersuchung von Tatsachenmustern eine Tugend abgewinnen. Daß anerkannte und überzeugende Standards für die Identifizierung der Tatsachen, die als relevant und als Elemente der Tatsachenmuster angesetzt werden sollen, fehlen – soll es als eine Tatsache gelten, daß der Unfall eines Arbeitnehmers sich während einer Tätigkeit ereignete, von der der Arbeitgeber gewußt und die er nicht verboten hat, oder sollen dafür zwei oder drei Elemente von Tatsachenmustern angesetzt werden? –, ist zunächst unbefriedigend. Aber die Rechtsprechungsanalyse kann dadurch gerade gewinnen, indem sich etwa beim Experimentieren mit verschiedenen Elementarisierungen die Konsistenz einer Rechtsprechung als abhängig davon erweist, welche Tatsachen als die Elemente der Tatsachenmuster gewählt wurden.

Kort leitet aus seinem Instrumentarium und seinen Untersuchungen insbesondere zwei rechtstheoretische Ergebnisse ab. Lasse sich bei einer Rechtsprechungstradition, die als Prognosematerial aufbereitet und dabei in einen früheren und einen späteren Abschnitt zerlegt wurde, nur der spätere Abschnitt aus dem früheren prognostizieren, dann könne daraus geschlossen werden, daß die Gerichte dem Prinzip des stare decisis gefolgt seien. Lasse sich aber zugleich der frühere Rechtsprechungsabschnitt aus dem späteren prognostizieren, dann könne die Konsistenz der Rechtsprechung nicht dem Prinzip des stare decisis erklärt werden. Dann müsse angenommen werden, daß verschiedene Richter zu verschiedenen Zeiten einfach ähnliche Maßstäbe der Gerechtigkeit hätten[70]. So richtig diese Annahme sein dürfte, so fragwürdig ist sie als Schluß aus der wechselseitigen Prognostizierbarkeit. Interessanter ist der andere Schluß, den *Kort* aus seiner vergleichenden Untersuchung sozialversicherungsrechtlicher Rechtsprechungen des Supreme Court of Connecticut und des Eidgenössischen Versicherungsgerichts zieht[71]. Während das Eidgenössische Versicherungsgericht bestimmte Tatsachen als unverzichtbare Bedingungen für eine dem Kläger ungünstige Entscheidung ansehe, kenne der Supreme Court of Connecticut solche unverzichtbaren Bedingungen nicht. Hier könne das Fehlen einer Tatsache stets durch das Vorliegen einer oder mehrerer anderer Tatsachen ausgeglichen werden, dort sei mit dem Fehlen bestimmter Tatsachen eine dem Kläger günstige Entscheidung sofort ausgeschlossen. Der Unterschied schlägt sich bei der Formalisierung der verschiedenen die Rechtsprechung leitenden Tatsachenmuster als Unterschied zwischen linearen und nichtlinearen Funktionen nieder.

---

[70] *F. Kort*, Simultaneous Equations (Anmerkung 65), 162 f.

[71] *E. Mackaay, P. Robillard*, Predicting Judicial Decisions: The Nearest Neighbour Rule and Visual Representation of Case Patterns (Université de Montréal Publication 131), Montréal 1973.

Bei der Charakterisierung des Unterschieds zwischen Civil Law und Common Law verhilft er zu einer Präzisierung und Umakzentuierung. Je mehr im Common Law die Bedeutung von gesetztem Recht und im Civil Law die Bedeutung von Rechtsprechung zunehmen, desto untauglicher werden die Zuordnungen von gesetztem Recht zum Civil Law und von Rechtsprechung zum Common Law als Mittel für die Erklärung und Charakterisierung der immer noch unübersehbaren Unterschiede. Sollte sich der von *Kort* gefundene Unterschied auch in der Analyse anderer Rechtsprechungen bewähren, dann wäre in den verschiedenen Bauformen der Tatsachenmuster oder Rechtbedingungen ein geeigneteres Charakterisierungs- und Erklärungsmittel gefunden.

Ejan Mackaay und *Pierre Robillard* haben für die Untersuchung von Tatsachenmustern und die Voraussage von Gerichtsentscheidungen die nearest neighbour rule vorgeschlagen. Das Konzept dieser Methode besteht darin, daß ein Maß für Ähnlichkeit und Verschiedenheit von Fällen festgelegt und prognostiziert wird, daß das Gericht einen neuen Fall ebenso wie dessen nächsten Nachbarn, gemessen mit dem festgelegten Maß, entscheiden werde. Das Maß für Verschiedenheit und Ähnlichkeit von Fällen ist über den Tatsachen bzw den Tatsachenmustern von Fällen definiert: Fälle sind desto verschiedener, je kleiner die Menge der Tatsachen ist, die den Fällen gemeinsam sind. Eine mit dieser Methode analysierte Rechtsprechung läßt sich ein- oder zweidimensional im Diagramm darstellen. Neben dem anderen Methoden nicht nachstehenden prognostischen Wert ihrer Methode betonen *Mackaay* und *Robillard* den heuristischen Wert. Die Fälle, die bei ihrer Analyse kanadischer Rechtsprechung aus dem Steuerrecht in den Grenzbereich zwischen dem Kläger günstigen und ihm ungünstigen Entscheidungen fielen, waren zugleich Fälle, die von Experten als problematisch eingeschätzt und in der Literatur diskutiert wurden. Die Diagramm-Darstellung kann helfen, das Problematische eines Falles und, bei sukzessiver Eintragung ins Diagramm, Entwicklung und Entwicklungsrichtung einer Rechtsprechung besser zu erkennen.

Mackaay und *Robillard* fragen nach dem Ziel der Untersuchung von Tatsachenmustern und der Voraussage von Gerichtsentscheidungen. Sie sehen die Suche nach neuen Methoden nicht nur unter der Aufgabe einer Minimierung von Prognosefehlern, sondern auch unter der anderen Aufgabe, Modelle juristischen Denkens zu finden. In dieser Hinsicht gefällt an ihrem eigenen Modell zum einen die sinnfällige Einfachheit, in der die Ergebnisse der Analyse präsentiert und zum heuristischen Werkzeug genommen werden können. Zum anderen sagt die Nähe zu, die zwischen ihrem Nachbarschaftsmodell und einem von *Rumelhart* und *Abrahamson* entwickelten Modell des Denkens in Analogien[73] besteht. Im mehrdimensionalen Raum dieses Modells können zwar keine hierarchischen Relationen, Analogierelationen aber gut dargestellt werden. So besteht Hoffnung, daß die

---

[73] *D. E. Rumelhart, A. A. Abrahamson,* A Model for Analogical Reasoning, Cognitive Psychology 5 (1973), 1–28. Vgl auch *C. W. Skinner,* A Heuristic Approach to Inductive Inference in Fact Retrieval Systems, Communications of the ACM 17 (1974), 707–712.

Untersuchung von Tatsachenmustern zu einem Modell davon führt, wie Juristen denken, wo das Denken in dogmatischen Hierarchien nicht mehr möglich ist und mit Analogien, mit der Ähnlichkeit von Fällen und mit der Typik von Fallkonstellationen operiert wird.

4 Benutzerforschung im Zeichen des Einsatzes von AI im Recht (Tucson, South Bend, Cleveland, Boston, Montréal)[74]

4.1 Marktchancen für intelligente juristische Informationssysteme

Der Einsatz von AI-Techniken stößt bei Juristen nicht anders als bei anderen mit den Funktionsweisen des Computers nicht vertrauten Berufsgruppen auf eine psychische Barriere. Für diese lassen sich in den USA neben der mangelnden Vertrautheit selbst zwei Gründe ausmachen. Zum einen hat der Drang der Software-Produzenten zu rascher Vermarktung unausgereifter Informationssysteme die Frustration der Konsumenten zur Folge gehabt. Konsumenten, die auf die Angabe der Hersteller von Informationssystemen vertrauten, wurden durch die Erfahrung ungenügender Leistungsfähigkeit der Systeme düpiert. Anfängliche Aufgeschlossenheit gegenüber den neuen elektronischen Hilfsmitteln wurde so oft in Abneigung verkehrt. Zum anderen setzt das juristische Selbstverständnis einen Grund für die psychische Barriere. Juristen neigen in den USA nicht anders als in Deutschland dazu, es als Angriff auf den Wert und die Würde ihrer Arbeit mißzuverstehen, wenn deren Computerisierung als möglich behauptet und gefördert wird.

Die Überwindung dieser Barriere ist ein Problem, dessen Schwierigkeit der des Design eines intelligenten juristischen Informationssystems fast gleichkommt. Wenn gleichwohl die Möglichkeit seiner Lösung und die Zukunft des Einsatzes von AI-Techniken im Recht von Rechtsinformatikern in den USA optimistisch eingeschätzt werden, dann aus folgendem Grund. Der Computer hat in den vergangenen Jahren bei Gerichten und Anwaltsfirmen rasch wachsende Bedeutung für die Erledigung technischer, organisatorischer und betriebswirtschaftlicher Aufgaben gewonnen. Der Optimismus der Rechtsinformatiker geht dahin, daß der Computer, wenn als Hilfsmittel des gerichtlichen und anwaltlichen Managements erst einmal etabliert, auch als Hilfsmittel bei juristisch anspruchsvollen Aufgaben akzeptiert werden und daß er sich so das Vertrauen der Juristen gewissermaßen erschleichen kann.

Im gerichtlichen Management werden Computer etwa bei der Geschäftsverteilung, bei der Terminierung von Verhandlungen, bei der Koordinierung des Auftretens von Parteien, Anwälten und Zeugen, bei der Beachtung von Fristen und Terminen, bei der Protokollierung von Verhandlungen, der Veröffentlichung von

---

[74] Der folgende Abschnitt läßt weniger als die anderen die Gesprächspartner erkennen, denen wir Informationen und Anregungen verdanken. Sie seien daher hier genannt: *William E. Boyd*, University of Arizona: *David T. Link*, Notre Dame University) *Robert J. Asman*, OBAR; *Richard M. McGonical*, JJ; *Robert P. Bigelow*, JJ; *Eijan Mackaay*, Universié de Montréal.

Entscheidungen und bei der Aktenverwaltung eingesetzt[75]. Das anwaltliche Management profitiert vom Computer im Rechnungswesen, bei der Führung von Agenden und Verteilung von Aufgaben, bei der Verwaltung von Terminsachen und der periodisch zu überprüfenden Klientenakten, beim Abfassen von Dokumenten und Interview von Klienten, wenn dieses sich, wie oft in Verkehrs- und Scheidungssachen, standardisieren läßt[76]. Entsprechend auf die konkreten Bedürfnisse zugeschnittene arbeitsfähige Systeme[77] lassen, so der Optimismus der Rechtsinformatiker, unter den Juristen die Bereitschaft entstehen, mit dem Computer zu arbeiten, selbst wenn dessen Funktionsweisen nicht ganz verstanden werden, auch wenn also das Gefühl vorherrscht, es mit einer black box zu tun zu haben.

Diesem Optimismus lassen sich Erfahrungen zugute halten, wie sie in einer Chicagoer Anwaltsfirma gemacht wurden[78]. Der Computer war zunächst als Hilfsmittel im Rechnungswesen willkommen, wurde es dann bei der Arbeits- und Zeiteinteilung, bei der Führung der Agenden und schließlich bei der Aktenverwaltung. Demnächst wird der Anwalt vom Computer erfahren können, auf welchen Gebieten seine Kollegen in der Anwaltsfirma Spezialisten sind, an welchen Problemen sie gerade arbeiten, er wird ferner auf Schriftsätze und Unterlagen zu-

---

[75] Vgl *P. B. Maggs*, Unification of Methods of Legal Automation, in: *J. N. Hazard, J. Wagner* (Hrsg), Law in the United States of America in Social and Technological Revolution. Reports from the United States of America on topics of major concern as established for the IX Congress of the International Academy of Comparative Law, Brussels 1974, 677–694 (683 ff), und, mit reichen bibliographischen Hinweisen, *P. Bigelow,* The Use of the Computers in the Law, The Hastings Law Journal 24 (1973), 707–731 (710 ff). *Bigelow* führt S 273 ff Management und Analyse von Beweismitteln als Anwaltsaufgaben und den Computer insoweit als Hilfsmittel des Anwalts an. Im deutschen Rechtssystem kann der Computer insoweit ebenso dem Richter als Hilfsmittel dienen. Wie gut, das erwies sich bei den Watergate-Ermittlungen, bei denen sich *Cox* und *Jaworsky* eines eigenen, vom derzeitigen Law and Computer Fellow in Stanford, *James Boczar,* aufgebauten und geführten Informationssystems bedienten. Die Analyse des sehr umfangreichen Beweismaterials zB unter den Fragen, wer wann wo war und wer sich wann wo mit wem getroffen hat, wäre ohne Computerhilfe praktisch nicht durchführbar gewesen. Den sogenannten Litigation Support Systems war 1974 das Sonderheft des Jurimetrics Journal gewidmet

[76] Vgl die in der letzten Anmerkung angeführten Aufsäze *P. B. Maggs,* 688 ff,*R. P. Bigelow,* 726 ff, ferner *P. B. Maggs,* A Computer Service Utility for the Legal Profession, in: ACM Urban Symposium 1972, Computer and Urban Society, 133–146 (142 ff), *D. T. Link,* Law Office Management and the Computer, Law Office Economics and Management 10 (1969), 241–244, *B. Brice,* The Computer and the Law Office Administration, JJ 11 (1970), 35–45, *P. S. Hoffmann,* Survey of Law Firm Computer Use/Services, JJ 12 (1971), 42–58 und 86–109.

[77] Für das gerichtliche und anwaltliche Management können zwar von Software-Produzenten nicht irgendwelche Systeme übernommen werden. Das bedeutet aber nicht, daß das anwaltliche Managementsystem für jede Anwaltsfrma neu entwickelt werden müßte. Aus einem für eine große Chicagoer Anwaltsfirma konzipierten System wurden Systembausteine entwickelt (CT System), die sich für andere Anwaltsfirmen je nach deren Größe und Bedürfnissen zusammensetzen lassen.

[78] Seniorpartner der schon in der letzten Anmerkung erwähnten Anwaltsfirma ist *Link,* der an der Entwicklung des Managementsystems maßgeblich beteiligt war. Sein in Anmerkung 76 angeführter Aufsatz spiegelt einige der daraus gewonnenen Erfahrungen.

greifen können, die seine Kollegen in Bearbeitung eines dem seinen ähnlichen Problems gefertigt bzw benutzt haben (internes retrieval).

Der Einsatz des Computers im anwaltlichen Management wird von den großen Anwaltsfirmen forciert. Diese sind mit ein- bis zweihundert Anwälten Managementproblemen besonders ausgesetzt und unkonventionellen Problemlösungen besonders aufgeschlossen. Sie sind auch am ehesten bereit, sich eines juristischen Informationssystems zu bedienen. Die meisten der rund einhundert Terminals von OBAR/LEXIS, dem unter Anwälten renommiertesten Informationssystem[79], finden sich in großen Anwaltsfirmen in New York City, Cleveland und Columbus, wenige Terminals sind öffentlich, dh werden bei Gerichten für die Benutzung durch verschiedene Anwälte oder Anwaltsfirmen bereitgestellt, und noch weniger sind bei kleinen Anwaltsfirmen installiert. Für dieses Benutzerprofil ist die psychische Barriere freilich nur eine unter mehreren Ursachen. Unwichtig ist es zwar nicht, daß die Juristen der Anwaltsfirma, in der ein Computersystem für die Lösung von Managementaufgaben betrieben wird und bewährt ist, bereiter sind, sich des Computers auch bei der Lösung von Rechtsproblemen zu bedienen. Entscheidend ist aber, daß die für den Anschluß an OBAR/LEXIS anfallenden hohen Kosten nur von der großen Anwaltsfirma aufgebracht werden können[80]. Sogar für diese ist die Rentabilität des Anschlusses noch ein Problem. Nicht, daß vom Informationssystem unter dem Strich die Ersparnis von Zeit und Kosten erwartet würde; erwartet wird die Verbesserung der Qualität. Die Anwaltsfirma installiert ein Terminal, damit die Ergebnisse der Forschungsarbeit verbessert werden, ohne teurer zu werden. Aber dieser Erwartung entspricht OBAR/LEXIS nur unzureichend. Schwierigkeiten bereitet die Formulierung von Anfragen an das System, das zB die Präzisierung einer Verbindung von Schlüsselwörtern durch „und nicht" oft nicht richtig versteht. Der Zugriff auf die einschlägigen Texte unter Verwendung bloß von Schlüsselwörtern stellt sich schon der Theorie als ein Problem dar[81] und erweist sich in der Praxis als Glücksache. OBAR/LEXIS

[79] Über den neuesten Stand von OBAR/LEXIS informieren *W. G. Harrington*, What's Happening in Computer-Assisted Legal Research, American Bar Association Journal 60 (1974), 925–931, und *J. S. Rubin, L. Woodard*, LEXIS: A New Tool for Tax Research, The Journal of Corporate Taxation 1 (1974), 42–55. Beide Artikel haben allerdings Public-Relations-Charakter. Vgl zu OBAR/LEXIS und den anderen in den USA experimentierenden Informationssystemen die in Anmerkung 75 angeführten Aufsätze *P. B. Maggs*, 690 ff, und *R. P. Bigelow*, 716 ff, sowie *E. Mackaay*, Anmerkungen zur ersten „National Conference on Automated Law Research", in: *S. Simitis ua* (Hrsg), Das juristische Informationssystem – Analysen, Planung, Vorschläge, Karlsruhe 1972, 444–451, *B. M. Prestel*, Datenverarbeitung und Recht in den Vereinigten Staaten von Amerika, in *S. Simitis ua* (Hrsg), Materialien zur Rechtsinformatik, Folge 1, Frankfurt/M 1971, 17–28. *Mackaay* berichtet auch über die kanadischen Informationssysteme QUIC/LAW und DATUM.

[80] 1974 betrug die Jahresmindestrate für den Betrieb eines eigenen Terminals 36 000 Dollar. Genannt sei auch der Preis für die Benutzung eines öffentlichen Terminals. Eine Viertelstunde research time kostete 1974 25 Dollar. Unter research time ist die Zeit zu verstehen, die vom Benutzer vor dem eingeschalteten Bildschirm verbracht wird, im Gegensatz zur search time, die vom Computer für die Suche nach den die Schlüsselwörter enthaltenden Texten benötigt wird (CPU-Zeit).

[81] Vgl mit weiteren Nachweisen *W. Popp / B. Schlink*, Skizze (Anmerkung 1), 3 ff und den in Anmerkung 76 angeführten Aufsatz *Maggs*, 141 ff.

läßt sich zur Vorbereitung und Überprüfung der anwaltlichen Forschungsarbeit einsetzen; der Anwalt kann sich Material liefern lassen und dieses sichten und auf seine Vollständigkeit überprüfen, oder er kann das Material selber suchen und die Vollständigkeit seiner Recherche mit OBAR/LEXIS kontrollieren. Aber diese Leistungen des Systems verbessern oder verkürzen die Forschungsarbeit des Anwalts nur begrenzt und sind oft ebenso von einem billigeren Referenzsystem zu erbringen[82]. In ihrer Kritik an OBAR/LEXIS verlangen die Anwälte daher Erleichterung der Kommunikation mit dem System, Erhöhung seiner Treffsicherheit, Ausweitung seiner Funktionen und Senkung seines Preises[83]. Die Forderung nach Treffsicherheit ist angesichts der analytischen Fähigkeiten von Computerprogrammen, die von AI-Techniken Gebrauch machen, nicht unrealistisch; und ebensowenig ist es die Forderung nach Multifunktionalität angesichts der Aufgaben, die sich dem Computer im Bereich des Managements stellen und denen dasselbe Terminal dienen könnte. Die Politik von OBARS/LEXIS trifft sich mit diesen Forderungen jedoch nicht[84], und so erscheint es zweifelhaft, ob das System für die Erleichterung juristischer Forschungsarbeit oder für den Abbau psychischer Barrieren von nachhaltigem Einfluß sein kann.

Wenn oben Optimismus der Rechtsinformatiker verzeichnet wurde, dann sollen damit nicht die Kontroversen zugedeckt werden, die es in der Einschätzung der Zukunft des Computereinsatzes und insbesondere des Einsatzes von AI-Techni-

---

[82] Ein von The Lawyers Co-Operative Publishing Co. in Rochester entwickeltes Referenzsystem befindet sich derzeit im Teststadium und wird in Anwaltsfirmen erprobt. Zum Konzept eines Referenzsystems vgl *S. M. Marx,* Citation Networks in the Law, JJ 10 (1970), 121–137.

[83] Eine positive Beurteilung von OBAR/LEXIS gibt *R. M. McGonical,* Computerized Legal Research: One Law Firm's User Experience, Ohio Bar 41 (1972), 1615–1623. Die Anwaltsfirma, deren Benutzererfahrung von McGonical berichtet wird, ist allerdings mit der Erprobung von OBAR/LEXIS betraut und hat dafür nur eine reduzierte Rate zu zahlen. Unter dieser Bedingung können sich die Rentabilitäts- und Effektivitätsproblem, die der Anschluß an OBAR/LEXIS aufwirft, nicht echt stellen. – Dieselbe Anwaltsfirma erprobt derzeit auch das in Anmerkung 82 erwähnte Referenzsystem. Der, auf die Unechtheit der Erprobungsbedingung angesprochen, nur noch eingeschränkt positiven Einschätzung von OBAR/LEXIS steht die uneingeschränkt positive Beurteilung des Referenzsystems gegenüber.

[84] Die Politik der Mead Corporation, die OBAR/LEXIS übernommen hat und über Mead Data Central weiterentwickelt und vertreibt, geht dahin, die Datenbasis so auszuweiten, daß OBAR/LEXIS in mehr und mehr Staaten der USA angeboten werden kann. Das Hinzukommen nur schon weniger, den hohen Preis zahlender Benutzer in anderen Staaten erscheint derzeit gewinnträchtiger als das Angebot eines besseren Service zu einem niedrigeren Preis, das OBAR/LEXIS für mehr Anwälte attraktiver machen machen könnte. Gewinnträchtiger erscheint die Ausweitung wohl auch darum, weil sie die Vorausetzung für eine Monopolstellung von OBAR/LEXIS in den USA zu schaffen geeignet ist. Konkurrenz- und Monopolerwägungen sind der Grund auch für die Entscheidung gegen Multifunktionalität des Terminals.

ken im Recht gibt[85]. Unbestritten ist die wachsende Bedeutung des Computers im gerichtlichen und anwaltlichen Management und ihr positiver Einfluß auf die Einstellungen des Juristen zum Computer. Wie weit führt aber die wachsende Bereitschaft des Juristen, mit dem Computer zu arbeiten? Kann sie dahin führen, daß Anwälte oder Richter mit dem Computer als einem Ratgeber in Rechtsproblemen kommunizieren mögen? Die das Konzept von MYCIN prägende Skepsis, Ärzte seien nicht bereit, von einer black box Ratschläge bei Diagnose- und Therapieentscheidungen entgegenzunehmen[86], gibt es entsprechend auch in der Rechtsinformatik. Skeptisch wird das Wachsen der Bereitschaft zur Arbeit mit dem Computer auch darum beurteilt, weil der Jurist zu positiven Erfahrungen mit dem Computer derzeit fast nur in großen Anwaltsfirmen Gelegenheit hat. Muß so die wachsende Bereitschaft nicht auf die alles in allem wenigen Juristen beschränkt bleiben, die in den großen Anwaltsfirmen arbeiten? Dagegen wird auf die Ausbildungsfunktion der großen Anwaltsfirmen verwiesen, die für viele Juristen nur eine Station auf dem Weg zur eigenen oder kleinen gemeinschaftlichen Anwaltsfirma sind. Skepsis gilt ferner der Zukunft von Informationssystemen. Selbst wenn deren nächste Generation Systeme wie OBAR/LEXIS weit übertrifft – wird es nicht dabei bleiben, daß nur große Anwaltsfirmen sich den Anschluß leisten können? Und verhält es sich nicht so, daß große Anwaltsfirmen für jedes Rechtsproblem einen Spezialisten führen, der die einschlägigen Fälle gewissermaßen auf seinen Fingerspitzen hat, daß also gerade sie Informationssysteme eigentlich nicht brauchen? Dagegen steht die Tatsache, daß es den so kompetenten Spezialisten nicht gibt, daß der Trend zur Anwaltsfirma mit circa zwanzig Anwälten führt und daß für diese großen unter den kleinen Anwaltsfirmen Informationssysteme durchaus interessant sind.

Der Zukunft von Informationssystemen gilt noch eine weitere Kontroverse. Zuweilen scheint es zwar nur eine Frage des Entwicklungsstandes und der Investitionskapazität zu sein, ob ein Informationssystem für Juristen im on-line- oder im off-line-Betrieb geführt wird[87]. Zuweilen wird aber in der Alternative zwischen on-line- und off-line-Betrieb das echte Problem erkannt[88]. Des von OBAR/LEXIS

---

[85] In den Überblicke über die Entwicklung der Rechtsinformatik liefernden Veröffentlichungen herrscht die bei einer um ihre Anerkennung noch kämpfenden Disziplin verständliche Tendenz zu Optimismus vor. Das gilt sogar für die in ihrer Abgewogenheit und Gründlichkeit bisher unübertroffenen Aufsätze *W. E. Boyd,* Law in Computers and Computers in Law: A Lawyer's View of the State of the Art, Arizona Law Review 14 (1972), 267–311, und *E. Mackaay,* Jurimétrie, informatique juridique, droit de l'informatique: Un résumé de la littérature, Revue Juridique Thémis 6 (1971), 3–29.

[86] Vgl *E. H. Shortliffe et alii,* Clinical Consultation by Computer: An Approach to the Design of Useful and Acceptable Systems, Vervielfältigtes Manuskript, Stanford (Stanford University School of Medicine) 1974.

[87] Auch in der Beschreibung von DATUM, dem besteingeführten und von den Verfechtern des off-line-Betriebs gerne in Bezug genommenen off-line-System, wird der Übergang zum on-line-Betrieb für ein günstigeres Investitions- und späteres Entwicklungsstadium angekündigt. Vgl *J. Boucher,* Le projet DATUM: Recherche sur un instrument de recherche, Revue Juridique Thémis 6 (1971), 31–36.

[88] Eine gute Diskussion der Vor- und Nachteile von on-line- und off-line-Betrieb, von Self- und Konsultationservice bietet *Mackaay* in seinem in Anmerkung 79 angeführten Aufsatz.

angebotenen on-line-Service bedienen sich Anwaltsfirmen fast stets mit Hilfe von Studenten[89]. Der Anwalt hat Scheu, selbst mit dem Terminal zu arbeiten, und zieht es vor, die Suchaufgabe an einen Studenten zu delegieren, der mit dem Terminal vertraut ist. Darin spiegelt sich in den USA die Gewohnheit des älteren Anwalts, den jüngeren mit der Forschungsarbeit zu beauftragen, eine Gewohnheit, die in Deutschland im Auftrag an den Referendar ihre Entsprechung findet. Wenn aber alte Gewohnheiten und neue Erfahrungen lehren, daß der Anwalt on-line mit dem Computer ohnehin nicht kommunizieren mag, ist es dann nicht geboten, sich auf off-line-Betrieb zu konzentrieren?

4.2 Themen empirischer Untersuchungen

Die Antworten auf derlei Fragen können nur aus empirischen Untersuchungen gewonnen werden. Angesichts der jedenfalls für europäische Verhältnisse reichhaltigen Anwendung, die der Computer in den USA im Bereich des Rechts findet, möchte man eine entsprechende Reichhaltigkeit von Bedarfserhebungen erwarten. Daß diese Erwartung enttäuscht wird, hat in der erwähnten Tendenz zu rascher Vermarktung seinen Grund. Statt neue Informationssysteme nach Erhebung des Bedarfs und auf diesen abgestimmt zu entwickeln, wurde lange versucht, für vorhandene Informationssysteme den Bedarf zu wecken. Bedarfsanalyse degenerierte so zur Sache der public relations.

Wenn heute gefordert wird, daß die weitere Entwicklung im Bereich der Rechtsinformatik von Bedarfsanalysen abgesichert sein müsse, dann wird dabei nicht einfach an eine Befragung gedacht, bei der Anwälte oder Richter ihre Einstellung zum Computer und ihr Interesse am Einsatz des Computers zum Ausdruck bringen. Eine solche Analyse des Bedarfs ist wenig ergiebig, solange mit ihr nicht die Analyse des Stils einhergeht, in dem die Anwälte und Richter arbeiten. Diese Analyse ist alles andere als einfach. Denn es muß damit gerechnet werden, daß ein anderer Informations- und Arbeitsstil verfolgt als dargestellt wird.

Der Einsatz von AI-Techniken im Recht hat zwar ua den Ertrag, daß die Techniken und Figuren juristischen Argumentierens erhellt werden. Soll zB das System mit auf das Recht zugeschnittenen Fähigkeiten des reasoning by analogy ausgestattet werden, dann geht das nicht ohne Klarheit darüber, was das juristische Argumentieren in und mit Analogien eigentlich ist. Analyse des Informations- und Arbeitsstils zielt aber auf etwas anderes, auf Fragen nach der Häufigkeit, mit der Juristen in Büchern recherchieren, sich Gedanken machen und das eine oder gar beides delegieren, nach den Gelegenheiten, bei denen sie dies tun, nach dem Zeitaufwand, den sie für Lektüre von Entscheidungen, Fachzeitschriften, Kommentaren, systematischen Darstellungen, Monographien und für fachliche Gespräche aufbringen, nach dem Verhältnis zwischen Größe der Kanzlei und Intensität der Recherche, zwischen Streitwert, Neuartigkeit und Gründlichkeit von Fall bzw. Fallbearbeitung. Ohne solche Analyse des Arbeits- und Informationsstils

---

[89] Die Erfahrungen, die *McGonical* in seinem in Anmerkung 83 angeführten Aufsatz S 1618 ff berichtet, lassen sich verallgemeinern. Studenten bedienen auch die öffentlichen Terminals von OBAR/LEXIS

kann die schlichtere, einfach abfragende Bedarfsanalyse nicht ausgewertet und kann nicht entschieden werden, wo, für welche Gelegenheiten und mit welchem Material der Einsatz des Computers im Recht wirklich sinnvoll ist[90].

Von der empirischen Untersuchung des Arbeits- und Informationsstils und zugleich des Bedarfs könnte insbesondere auch die Antwort auf die Frage profitieren, inwieweit Informationssysteme Volltext und inwieweit sie abstracts bereitstellen sollen. Es schien in den letzten Jahren, als sei die Frage zugunsten von Volltext entschieden. Mit den Vorteilen der Zuverlässigkeit und Unmittelbarkeit des Zugriffs gehen jedoch Nachteile einher, für die in den USA die Sensibilität zugenommen hat. Der Benutzer eines Volltext bereitstellenden Informationssystems erhält oft mehr, als er will, greift über die Schlüsselwörter auf mehr Material zu, als er braucht. Ihn mit beidem zu versehen, mit abstracts, über die er sich zu seinem Problem besser herantasten kann, und mit Volltext, den er dann gezielter abfragen kann, scheint die naheliegende Lösung.

Daß diese Lösung dem Informations- und Arbeitsstil des Juristen besonders nahekommt, ist nicht mehr als eine Vermutung. Sie zu überprüfen und zu erklären, inwieweit Volltext und inwieweit abstracts eingespeichert werden sollen, erscheint wieder die empirische Untersuchung notwendig. Sie ist möglich, weil ja der Jurist tatsächlich mit beidem arbeitet, mit Gerichtsentscheidungen und mit deren knappen Wiedergaben etwa in einer systematischen Darstellung, mit Lehrmeinungen und mit deren bündiger Behandlung etwa in einem Kommentar. Wann zieht er welche Information vor?

Dies bedeutet, daß die Probleme der Bildung von abstracts keineswegs erledigt sind. Es sind dies nicht zuletzt die Probleme der Glaubwürdigkeit und Autorität dessen, der die abstracts für das Informationssystem aufarbeitet. Die Qualität des Materials muß sich mit der eines guten Kommentars oder einer guten systematischen Darstellung messen lassen. Den Weg hierzu zeigt etwa MYCIN, wo es dieselben Mediziner sind, die über antibakterielle Therapie forschen und die unter Verwendung ihrer Forschungen das Material des Systems aufarbeiten.

---

[90] Die wenigen Daten zu Arbeits- und Informationsgewohnheiten von Juristen in den USA finden sich, beschränkt auf Massachusetts, in: *Massachusetts Bar Association* (Hrsg), Economic Survey Conducted by the Massachusetts Bar Association, Boston 1970, vgl dazu Legal Research in Massachusetts, Excerpts from Massachusetts Bar Economic Survey, JJ 13 (1972), 19–20 sowie bei *M. L. Cohen,* Research Habits of Lawyers, JJ 9 (1969), 183–194. Die im Survey S 14 berichtete Frage „How many hours do you spend in legal reserarch per month?" und die Auswertung der Antworten können zwar nicht befriedigen. Der Begriff des legal research ist zu unspezifiziert. Gehört dazu nur die Lektüre oder auch das Gespräch mit Kollegen, nur die Informationsaufnahme oder auch die Informationsverarbeitung? Interessant ist gleichwohl das Ergebnis, nach dem Juristen im Durchschnitt nur 10 % ihrer Arbeitszeit und damit weniger als oft geschätzt wird auf legal research verwenden. – Vgl ferner für Kanada *J. Boucher, E. Mackaay,* Les habitudes de recherche des juristes québecois, Revue du Barreau 33 (1973), 218–235; *Department of Justice* (Hrsg), Operation Compulex, Ottawa 1972. Ein Ergebnis ist, daß Anwälte auf legal research 20 % ihrer Arbeitszeit verwenden. – Für Deutschland vgl *S. Uhlig, U. Seidel,* Informationsverhalten und Informationsbedarf von Juristen, (DVR-Beiheft 2), Berlin 1974.

5 Anregungen für den programmierten Rechtsunterricht (Ann Arbor, Urbana-Champaign)

5.1 Didaktische Spiele

Die psychischen Barrieren, die dem Einsatz von Computern im Recht entgegenstehen, können abgebaut werden, wo der Jurist EDV als wertvolles Hilfsmittel seiner praktischen Arbeit erfährt. Die Vermittlerdienste, die computerbegeisterte Rechtsstudenten dabei heute noch leisten müssen, können entbehrlich werden, wenn in der Ausbildung von Juristen solche Barrieren gar nicht erst errichtet werden. Die zunehmende Verbreitung von Computer Assisted Instruction (CAI) auch im Rechtsunterricht in den USA dürfte hier willkommene Nebenwirkungen zeitigen.

Unser Interesse an CAI ist von unserer Beschäftigung mit JUDITH her in anderer Weise motiviert. Von der praktischen Anwendung noch weit entfernt, scheint uns das System im Rahmen von programmiertem Rechtsunterricht (PU) an den Universitäten verwendbar. Die Erfahrungen, die dabei gewonnen werden, würden wiederum der Arbeit an Möglichkeiten des praktischen Einsatzes JUDITHs in der Rechtsanwendung zugute kommen.

Da Rechtsunterricht mit JUDITH sich nicht ohne weiteres in traditionelle Konzepte der Lernzielbestimmung einordnen läßt, wie sie zB in der Kontroverse um lineare oder verzweigte Lernprogramme zugrunde liegt, war es aufschlußreich zu sehen, welche Richtung CAI in den USA nimmt. Aus den Gesprächen und Vorführungen, an denen wir in Champaign und Ann Arbor teilgenommen haben, läßt sich vorsichtig ein Trend extrapolieren, der von den eine Folge von didaktisch aufbereiteten Informationen präsentierenden Lernmaschinen zu anspruchsvolleren EDV-Anwendungen führt. Mit der Entwicklung von Computer-Programmen, die den Studenten in simulierte Entscheidungssituationen stellen, die ihn mit seinem Kenntnisstand Rechnung tragenden Fallvariationen versehen oder ihn zu logischer Analyse von Rechtssätzen herausfordern, treten die alten PU-Theorien in den Hintergrund.

Layman E. Allen ist in Deutschland vor allem durch seine Arbeit an Möglichkeiten der Formalisierung von Rechtssätzen (NSIM) bekannt geworden[91]. Seine Aktivitäten gehen darüber jedoch hinaus, und programmierter Rechtsunterricht nimmt unter ihnen einen hervorragenden Platz ein, weil er den Punkt markiert, in dem sie sich alle berühren. So gehen in *Allens* neuestes, noch namenloses und nicht do-

---

[91] *Allen*, der gegenwärtig an der University of Michigan in Ann Arbor lehrt und forscht, hat seine Idee eines NSIM-File (NSIM: Normalized Sentence Index Matrix) erstmals 1965 auf dem Kongreß der International Federation for Documentation vorgetragen; vgl *Allen*, Sketch of a Proposed Semi-Automatic, Hierarchical, Open-Ended Storage and Retrieval System for Statute Oriented Literature, in: Proceedings of the 1965 Congress International Federation for Documentation, Band 2, 189–198; ferner A Language-Normalization Approach to Information Retrieval in Law, JJ 9 (1968), 41–56. Die NSIM-Idee wurde vom Juristischen Dienst der Kommission der Europäischen Gemeinschaften aufgenommen, vgl dazu *Hélène Bauer-Bernet*, Rechtsdokumentation. Zur elektronischen Verarbeitung juristischer Texte im nationalen und internationalen Bereich, Frankfurt/M 1973, 64 ff.

kumentiertes CAI-Projekt Ideen aus dem NSIM-Ansatz, seinem Interesse an Logik und Rechtstheorie[92] und seiner Beschäftigung mit der Entwicklung von wissenschaftlichen und erzieherischen Spielen[93] ein.

Das Ziel des Projekts ist es, Studenten in die Analyse der aussagenlogischen Struktur von Rechtssätzen einzuführen. Eine solche Analyse soll nach *Allens* Absicht dem Verständnis des Rechts in doppelter Weise zustatten kommen; sie soll das Interpretieren alter und die Formulierung neuer Rechtssätze einüben.

Eines der von Allen konzipierten Spiele, „Queries 'n Theories" (etwa: Fragen und Theorien), lieferte den Anstoß für die Idee, die dem CAI-Projekt zugrunde liegt. In „Queries 'n Theories" geht es darum, Strukturprinzipien und Elemente einer vom Gegenspieler definierten Sprache durch die tentative Konstruktion von Sätzen zu ermitteln, die als Bestandteile dieser Sprache bestätigt oder verworfen werden.

Die Übertragung dieser Idee auf eine Form des programmierten Rechtsunterrichts, die es zum Gegenstand hat, das Verständnis für die Logik von Rechtssätzen zu schärfen, mag kontinentaleuropäische Juristen befremden. Sie bringt zum Ausdruck, wie sehr angloamerikanische Juristen kodifiziertes Recht als black box betrachten, der man sich nur mit Mißtrauen und ungläubigem Staunen nähern kann.

Auch in der von *Allen* definierten Lernsituation hat es der Student mit einer black box zu tun, einem programmierbaren Taschenrechner (die je circa hundert Informationen umfassenden Programme sind auf kleinen Magnetkarten gespeichert), der mit der normalisierten logischen Struktur eines Paragraphen etwa aus dem Uniform Commercial Code gefüttert wurde. Anhand einer Liste, die die einzelnen Elemente der Struktur in ungeordneter Form enthält, versucht der Student schrittweise, Hypothesen über deren Zusammenhang zu formulieren. Diese Hypothesen werden dem Minicomputer zur Prüfung auf Vereinbarkeit mit der logischen Struktur vorgelegt. Wieviele solcher Schritte der Student braucht, bis er in der Lage ist, anhand der im „Dialog" mit dem Rechner gewonnenen Informationen die Normelemente zur Norm zusammenzubauen, kann indizieren, wie gut er sich mit den Grundbegriffen der Aussagenlogik vertraut gemacht hat und wie geläufig er mit Tatbestands- und Rechtsfolgeelementen von Normen hantieren kann.

Welchen Ertrag diese recht verspielte Form computerunterstützten Rechtsunterrichts – parallel zu der Minicomputer-Version entwickelt *Allen* dieselbe Idee für

---

[92] Vgl *L. E. Allen* und *T. Ohta*, Better Organization of Legal Knowledge, The University of Toledo Law Review 1969, 491–537; *L. E. Allen*, Formalizing Hohfeldian Analysis to Clarify the Multiple Senses of "Legal Right": A Powerful Lens for the Electronic Age, Southern California Law Review (1974), 428–487.

[93] *Allen* hat eine Reihe von erzieherischen Spielen für den Einsatz in Schulen in Zusammenarbeit mit dem Mental Health Research Institute der University of Michigan entwickelt. Einen Überblick gibt *Allen*, RAG-PELT: Resource Allocation Games – Planned Environments for Learning and Thinking, Simulation & Games 3 (1972), 407–438. Unter seinen wissenschaftlichen Spielen sind „Wff 'n Proof" und „Queries 'n Theories" wohl die bekanntesten. „Wff 'n Proof" wird kurz in Rechtstheorie 2 (1970), 253 f vorgestellt.

den Einsatz auf einem Großrechner im Teilnehmerbetrieb – für das Verständnis von Rechtsnormen wirklich abwerfen kann, ist im derzeitigen Stadium nicht recht abzuschätzen. Zweifel mögen vor allem daraus resultieren, daß eine solche Lernsituation an der Einschätzung von Normen als black boxes wenig ändert, wenn sie auch Staunen und Mißtrauen bis zu einem gewissen Grad abzutragen vermag.

5.2 Kombinatorische Generierung von Lernsituationen

Das Interesse von *Peter B. Maggs* an der automatischen logischen Analyse von Rechtssätzen[94] und damit am Einsatz von Computern in der Rechtsanwendung, das von *Allens* NSIM-Arbeiten stark beeinflußt war, ist in jüngster Zeit zugunsten der Arbeit an CAI in den Hintergrund getreten. Diese Arbeit ist eingespannt in den Rahmen des von der University of Illinois mit Unterstützung durch die Control Data Corporation (CDC) entwickelten CAI-Systems PLATO[95].

PLATO hat, sowohl was seine Konzeption als auch, was seine Implementierung betrifft, einen derzeit wohl kaum von einem anderen System übertroffenen Leistungsstand erreicht. Die wichtigsten technischen Daten seien hier kurz erwähnt. An den für PLATO reservierten CYBER 73 Computer der Universität waren im Januar 1975 etwa 950 Terminals angeschlossen. Trotz dieser großen Zahl ist es den für das System verantwortlichen Technikern gelungen, die Zeit zwischen Benutzer-Input und entsprechender Reaktion des Systems (response time) auf zwischen 0,1 und 0,2 Sekunden zu drücken und damit eine wesentliche Bedingung für die Annahme des Systems durch die Studenten zu erfüllen. Dabei kam eine neue Entwicklung von CDC zupaß, die es ermöglicht, zu relativ niedrigen Kosten erweiterte interne Speicherkapazitäten zur Verfügung zu stellen. Die für PLATO konstruierten Terminals sind so ausgerichtet, daß sie den computergesteuerten Einsatz zahlreicher audio-visueller Unterrichtsmittel, wie zB Filmprojektoren, Mikrofilmleser, Tonbandgeräte usw zulassen. Die Unterrichtsprogramme, die von PLATO bearbeitet werden, sind in einer speziellen Sprache, TUTOR, geschrieben, die sich von anderen für CAI-Zwecke geschaffenen Programmiersprachen nicht wesentlich unterscheidet; sie unterliegt also auch der Beschränkung, daß in einer Terminal-Sitzung nur die vom Autor des Lernprogramms vorgesehene Menge von Informationen verarbeitet werden kann. Sprünge von einem Programm in ein anderes sind nicht ausführbar. Jedoch bietet PLATO einen zusätzlichen Komfort, der diese Beschränkung erträglicher macht: Indem aus dem Unterrichtsprogramm heraus die sonst gleichsam auf einer übergeordneten Ebene schlummernden Rechnerkapazitäten des Computers angesprochen werden können, wird es ua möglich, während des Dialogs Programmvarianten zu produzieren. Diese Eigenschaft PLATOs hat zB *Maggs* in einigen seiner Lernprogramme ausgenutzt.

Der reinen Wissensermittlung, bislang als eigentliche Domäne des CAI betrach-

---

[94] Vgl *P. B. Maggs, G. deBessonet,* Automated Logical Analysis of Systems of Legal Rules, JJ 12 (1972), 158–196. *Maggs* ist Professor am College of Law der University of Illinois.

[95] Informationen über PLATO sind erhältlich von: *Donald L. Blitzer,* Director, Computer-Based Education Research Laboratory, University of Illinois, Urbana, Illinois 61801.

tet[96], kommt beim Einsatz von PLATO in der Ausbildung von Juristen keine führende Rolle mehr zu[97]. Dies mag damit zusammenhängen, daß Vorlesungen an amerikanischen Law Schools ohnehin nicht der monologische Charakter eignet, wie er an deutschen Universitäten gepflogen wird. Vielmehr wird über den Lehrstoff häufig in offener Form diskutiert in der Annahme, daß sich die Studenten das notwendige Wissen anhand von ausgegebenen Leseempfehlungen bereits einverleibt haben. Die Vorlesung durch eine Sitzung am Terminal zu ersetzen, muß amerikanischen Studenten daher weniger attraktiv erscheinen als ihren deutschen Kollegen, wenn auch durchaus die Vorzüge von CAI gegenüber dem Lernen nur aus Büchern anerkannt wird. Andererseits erhöht die Erfahrung des Vorlesungsstils die Anforderungen an die Bandbreite der von einem CAI-System zu erbringenden Leistungen.

Zwei der von *Maggs* entwickelten Lernprogramme mögen illustrieren, welche Ziele mit der PLATO-Methode verfolgt und mit welchen Mitteln sie erreicht werden sollen.

Das eine Programm bringt Studienanfängern Grundbegriffe des Eigentumsrechts nahe. Gleichzeitig wird es von fortgeschritteneren Studenten zur Wiederholung und Vertiefung benutzt. Daß zwei in ihrem Kenntnisstand so divergierende Benutzerkreise vom gleichen Programm profitieren können, ist auf die Preisgabe des Prinzips starrer Festlegung der abzuarbeitenden Instruktionsfolge zurückzuführen. Statt sich mit einem immer gleichen Informationsangebot zu begnügen und bei falschen Antworten in bestrafende Schleifen verwiesen zu werden, kann der Student nach eigenem Gutdünken im Lernprogramm herumspringen.

Das Programm zum Eigentumsrecht ist aus drei Grundelementen aufgebaut. Neben den der Wissenvermittlung dienenden Abschnitten, in denen Begriffsdefinitionen uä geboten werden, stehen Probleme, mit denen die erworbenen Kenntnisse getestet werden können. Das dritte Element ist der juristische Fall, Vehikel für die in der Vorlesung nur beschränkt mögliche Einübung in die Fähigkeit, Problemlösungen auf ähnlich gelagerte Probleme zu übertragen. Das Programm verfügt über ein Reservoir von 8 000 Fällen, differenziert nach vom Studenten selbst zu bestimmenden Schwierigkeitsgraden. Diese Fälle sind nicht etwa alle in einer „Fall-Bibliothek" präsent. Vielmehr werden sie mittels der oben erwähnten Fähigkeit PLATOs, Programmvarianten zu produzieren, während des Unterrichtsdialogs aus einer relativ geringen Menge von Fallelementen kombinatorisch zusammengestellt.

Die Generierung der Fälle erfolgt nicht völlig at random. In Abhängigkeit von dem im Dialog behandelten Rechtsproblem werden aus Klassen von Elementen Klas-

---

[96] Vgl *H. Dilcher*, Programmierter Rechtsunterricht, JZ 1970, 214–218.

[97] Über den bis November 1974 erreichten Stand des computerunterstützten Rechtsunterrichts am College of Law der University of Illinois unterrichtet ein bisher noch unveröffentlichter Bericht, *P. B. Maggs, D. Morgan*, Computer-Based Legal Education at the University of Illinois: A Report of Two Years' Experience; in diesem Bericht sind die Ergebnisse von zwei Tests eingeschlossen, die mit Studenten in der Absicht durchgeführt wurden, Auschluß über mit PLATO erzielte Lernerfolge und über Attitüden von Studenten gegenüber CAI zu gewinnen.

sen von Fällen gebildet, die die Einübung des gerade gelernten Stoffs erlauben. In Abhängigkeit vom gewählten Schwierigkeitsgrad schließlich wird der Fall noch um weitere, in früheren Lernschritten behandelte Probleme angereichert. Die Ad-hoc-Generierung von Fällen hat Implikationen für das Programm, die es in die Nähe von in der AI-Forschung verfolgten Ansätzen rücken. Sind die Fälle nicht als vorfabrizierte Einheiten im System, können es auch ihre Lösungen nicht sein. Das Programm sieht daher Routinen vor, die Hand in Hand mit dem Aufbau des Falls unter Verwendung relativ simpler Techniken des theorem proving die korrekte Lösung des Falls ermitteln.

Das zweite Lernprogramm, das in dem oben zitierten Bericht beschrieben wird, handelt von den Grundsätzen, nach denen im amerikanischen Recht durch Angebot und Annahme bindende Verträge zustandekommen[98]. Neben den drei bereits oben beschriebenen Strukturelementen in zum Teil verbesserter Form bietet es die Möglichkeit, die Studenten durch die Simulation von Klienten-Interviews auf spätere Berufssituationen vorzubereiten[99]. Ein mit PLATO simuliertes Interview läuft in der Weise ab, daß der Student, nachdem ihm eine knappe Situationsschilderung gegeben wurde, die ihm für die Entscheidung des Falls relevant erscheinenden Fragen über die Konsole des Terminals eingibt. Erkennt PLATO die Fragen, erzeugt es passende Antworten, bis alle entscheidungserheblichen Fakten ermittelt sind. Bislang werden die Antworten über den Bildschirm ausgegeben; doch befindet sich eine Version des „Annahme und Angebot"-Programms im Teststadium, bei dem die Antworten des Klienten von einer Magnetplatte abgetastet und über ein elektro-akustisches System ausgegeben werden.

Ist PLATO auch kein selbstlernendes System, so unterstützt es doch die Aufgabe der Autoren, ihre Programme in Reaktion auf im Unterrichtsbetrieb festgestellte Mängel zu verbessern, indem es statistische Daten über die Erfolge und Mißerfolge der Studenten im Umgang mit den verschiedenen Programmen erhebt und auswertet.

Die mit PLATO im Rechtsunterricht bisher gemachten Erfahrungen stehen im Widerspruch zu gelegentlich geäußerten Befürchtungen, daß CAI von Studenten als ihrer unwürdig zurückgewiesen wird. Nicht zuletzt dank der mit PLATO möglichen Flexibilität des Dialogs und dem Angebot unterschiedlicher Lernsituationen kommt das System bei Studenten meßbar gut an.

6 Fazit

Unsere im Verlauf der Forschungsreise gewonnenen Informationen haben uns in einigen Annahmen über die Chancen und Erträge der Arbeit an intelligenten juri-

---

[98] Die Konzeption des Programms hat von einem eingestellten Projekt am Rechenzentrum der University of Illinois profitiert, bei dem es darum ging, AI-Techinken für ein Computer-Programm fruchtbar zu machen, das die Mechanismen von Angebot und Annahme verstehen und entsprechende Lebenssituationen juristisch analysieren sollte. Insbesondere sollten die Probleme von temporalen Relationen und von Dialog in natürlicher Sprache untersucht werden. Vgl *F. Stahl*, A Model (Anmerkung 36).

[99] Ein Programm, mit dem eine Gerichtsverhandlung in Zivilsachen simuliert und dem Studenten die Rolle des Anwalts einer der Parteien zugewiesen wird, wird derzeit aufgebaut.

stischen Informationssystemen bestätigt, für die bislang Belege nicht in dem jetzt gesicherten Umfang zur Verfügung standen.

Dank der von der AI-Forschung erarbeiteten Einsichten und bereitgestellten Techniken ist es möglich geworden, über die Automatisierung oder Halbautomatisierung von Entscheidungen auch auf Gebieten zu reden, die als exklusive Domäne menschlicher Intelligenz galt. Wenn Computer-Programme Medizinern oder Chemikern oftmals komplexe Entscheidungen abnehmen können, dann werden auch Juristen der Analyse und Durchforstung ihres Entscheidungsverhaltens anhand von Kriterien, wie sie von der Theorie der AI-Forschung geliefert werden, sich nicht mehr lange widersetzen können, wollen sie den Anspruch ihrer Disziplin auf Wissenschaftlichkeit nicht preisgeben.

Die am Experiment ausgerichtete Suche nach Modellen menschlichen Verhaltens hat in der Wechselwirkung zwischen AI-Forschung und Psychologie oder Linguistik bereits soviele neue Ansätze erbracht, daß sich eine Übertragung dieser Methode auch auf die Rechtswissenschaften selbst dann rechtfertigt, wenn die Arbeit an intelligenten juristischen Entscheidungshilfen letztlich in eine Sackgasse führen sollte. Projekte wie TAXMAN erscheinen uns darum nicht allein wegen ihrer sicherlich noch weit entfernten Chancen, die juristische Praxis zu revolutionieren, weiterer Beschäftigung wert, sondern wegen der in der Auseinandersetzung mit praktischen Problemen erzielbaren rechtstheoretischen Erträge. Die so abgesicherte Arbeit an intelligenten juristischen Systemen muß zwar die technischen Gegebenheiten im Blick behalten, sollte sich dabei von derzeit noch vorhandenen Unvollkommenheiten oder noch gültigen Kostenüberlegungen aber nicht vorschnell zu Unmöglichkeitserklärungen verleiten lassen – auch dies läßt sich als Ertrag unserer Reise verbuchen.

Daß schließlich die Zukunft juristischer Entscheidungshilfen nicht so sehr in unabhängig voneinander funktionierenden, sondern in multifunktionalen Verbundsystemen liegen wird[100], dafür spricht die o. 4.1 erörterte Bedarfsstruktur juristischer Berufe ebenso wie die Beschäftigung der AI-Experten mit Projekten nach der Art des „persönlichen Assistenten“[101]. Die Aussicht auf ein intelligentes juristisches Informationssystem, das seinem Benutzer bei der spezifisch juristischen Arbeit durch Dokumentations-Service und Subsumtionshilfen zur Hand geht, das gleichzeitig für Richter und Anwalt den Verlauf eines Zivil- oder Strafprozesses überwacht und dabei die Verwaltung von Akten und Terminen übernimmt und das darüber hinaus dann noch für die Erledigung allgemeiner Management- und Routinearbeiten Verwendung finden kann, wird nicht zur Rückwirkungen auf die Akzeptabilität von Computern für Juristen haben, sondern auch die für einschiftige Dokumentationssysteme noch recht ungünstigen Kosten-Nutzen-Relationen nachdrücklich verbessern.

Aus den festgestellten Trends in der AI-Forschung läßt sich für die Fortsetzung der Arbeit an JUDITH oder ähnlichen Systemen mehr als bloße Bestätigung

---

[100] Zur Idee eines multifunktionalen juristischen Informationssystems, das ein „Paket“ von Leistungen anbietet, vgl *W. Popp, B. Schlink*, Skizze (Anmerkung 1), 10 ff.

[101] Vgl o 2.5.

ziehen. Sie legen auch die Schwerpunkte im Einzugsbereich von Rechtstheorie und Rechtssoziologie fest, denen neben oder sogar vor der reinen Programmierarbeit verstärkte Anstrengungen zu gelten haben.

AI-inspirierte Fragestellungen versprechen rechtstheoretische Bemühungen um eine Theorie des juristischen Entscheidens in neue Bahnen zu lenken und ihnen einen höheren Grad an Verbindlichkeit zu verleihen. Dabei ist einer Beschäftigung mit Konzepten der symbolischen Darstellung von juristischem Wissen und juristischem Handeln, zB angeleitet von der ins Juristische gewendeten framesystems theory von *Minsky*, ein hervorragender Platz einzuräumen.

Die hier einsetzenden Forschungen haben im engen Kontakt mit den o. 4.2 angesprochenen empirischen Untersuchungen über den Arbeits- und Informationsstil der Juristen zu erfolgen, von denen Aufschlüsse für die Formulierung von Hypothesen über juristisches Entscheidungsverhalten zu erwarten sind und die zugleich einer über bloße Fragebogenaktionen hinausgehenden Bedarfs- und Benutzerforschung methodische und inhaltliche Standards vorgeben.

Aus all dem erhellt, daß AI für das Recht über den unmittelbaren Standort in der Rechtsinformatik hinaus einen weitreichenden Bezug hat. Die Theorien, Methoden und Techniken der AI-Forschung formieren sich zu einem Apparat, welcher Rechtswissenschaft um eine noch allzu abwesende Komponente bereichern kann: das experimentelle Rückgrat.

Ulrich Seidel / Ulrich Bechmann

Datenschutz aus der Sicht der Anwender

Die Untersuchung auf die sich die folgenden Ausführungen beziehen, wurde vom Institut für empirische Psychologie im Auftrag der Gesellschaft für Mathematik und Datenverarbeitung im Rahmen des Forschungsprojektes „Auswirkungen des Datenschutzes (DATSCHA)" durchgeführt. Träger dieses vom Bundesministerium für Forschung und Technologie aus Mitteln des 2. DV-Programmes geförderten Projekts ist das Bundesministerium des Innern. Die Untersuchung wurde zwischen November 1974 und März 1975 in der BRD und West-Berlin durchgeführt.

Grundlage für die meist mehrstündig geleiteten Einzeldiskussionen war der Entwurf der Bundesregierung eines Gesetzes zum Schutz vor Mißbrauch personenbezogener Daten bei der Datenverarbeitung (Bundesdatenschutzgesetz – BDSG, BT-DRS 7/1027).

Nach Abschluß der Ersterhebung wurden die bis dahin ermittelten Ergebnisse durch zwei 3stündige Gruppendiskussionen mit ausgewählten Experten vertieft. Weiteren Experten wurden die Protokolle der beiden Gruppendiskussionen zur schriftlichen Kommentierung zugeschickt.

Die Auswahl der an der Untersuchung beteiligten Experten erfolgte nach den Gesichtspunkten:

Umfang der Dateien,	öffentlicher Sektor,
Art der verarbeiteten Daten,	nicht-öffentlicher Sektor.

Im einzelnen waren folgende Untersuchungsbereiche beteiligt:

Strafverfolgung	Computer-Industrie
Arbeitsvermittlung	Personalverwaltung in der Großindustrie
Statistik	Versandhandel
Kfz-Wesen	Kreditauskunftswesen
Hochschulverwaltung	Bankenwesen
Versicherungswirtschaft	Adressenverlage
Sozialvorsorge	Krankendiagnostik und -versorgung
Landesrechenzentren	Parteien- und Verbandwesen.
kommunale Rechenzentren	

INTERESSE, MOTIVATION

Das insgesamt deutliche Interesse der Experten an dieser Untersuchung gilt nur bedingt dem eigentlichen Thema „Auswirkungen des „Datenschutzes"; es wird überlagert von umfassenden Motivationsstrukturen, die als „Auswirkungen einer automatisierten Datenverarbeitung (ADV)" thematisiert werden können.

DATENSCHUTZ ALS „HINTERGRUND" PHÄNOMEN

Obwohl alle Experten die Notwendigkeit eines Datenschutzes anerkennen, gilt ihr Primärinteresse den Möglichkeiten einer computerisierten Informationsverarbeitung; auch dann, wenn (bislang noch) konventionell Daten verarbeitet werden.

Insofern kann ein Datenschutz als ein „Hintergrund"-Phänomen charakterisiert werden.

INTERESSEN-KONFLIKTE

Der durch die Doppelrolle bedingte Interessen-Konflikt zwischen den Bezugsgruppen „Benutzer" und „Betroffener" wird von den Experten als Ambivalenz erlebt.

Für den selbst verantworteten Fachbereich gilt Datenschutz als „leider nicht vermeidbar", für die Fachbereiche von anderen gilt Datenschutz als etwas „Notwendiges".

IDENTIFIKATIONSBEREITSCHAFT

Am geringsten ausgeprägt ist die Ambivalenz bei Experten, die gleichzeitig „Mitglied" derjenigen Organisation sind, deren Mitgliederdaten sie verarbeiten. Dadurch ist etwa bei Gewerkschaften, Parteien etc. eine hohe Identifikationsbereitschaft der Benutzer mit den Betroffenen gegeben.

Die Leitbildfunktion des eigenen Berufes ist bei Ärzten, Polizisten und Geschäftsführern größer als bei den übrigen Experten.

Bei allen Experten gilt die EDV als ein sehr interessantes Tätigkeitsfeld, obwohl ein Computer „nur" als ein „Hilfsinstrument" angesehen wird. Durch den Umgang mit den insgesamt sehr teuren Anlagen ist eine presönliche „Aufwertung" erlebnismäßig verknüpft.

WUNSCH NACH PERSÖNLICHER ANONYMITÄT

Von einigen Experten wurde ausdrücklich die Befürchtung artikuliert, inwiefern gewährleistet sei, daß mit den organisationsinternen und privaten Ansichten kein „Mißbrauch" getrieben würde.

Insgesamt, verstehen sich die meisten Experten als Spezialisten für überschaubare Fachaufgaben ohne eine umfassende – etwa gesellschaftspolitische – Verantwortung.

ZIELE DER ADV

Die durch ADV gegebenen Möglichkeiten werden von allen Experten ausgesprochen **positiv** bewertet; besonders günstig erscheinen dabei folgende Merkmale:
– Massenverarbeitung
– Geschwindigkeit
– Mehrfachverwendung
– Aufbau von Informationssystemen
– Abgleich mit anderen Daten
– Selektion der Daten
– Unabhängigkeit vom Ort (durch Abschluß per Fernleitung)
die in ihrer Gesamtheit einen enormen Rationalisierungseffekt bewirken.

Als möglicher Nachteil gilt die verstärkte Notwendigkeit von Sicherungsmaßnahmen; dieser Nachteil wird jedoch durch die erhöhte Wirksamkeit entsprechender Maßnahmen ausgeglichen.

Die mit der Umstellung auf ADV unvermeidbaren Schwierigkeiten müßten in Kauf genommen werden, wobei ursprüngliche Aversionen abhängiger Mitarbeiter gegen die Formalisierung später häufig in „Begeisterung" umschlägt.

FOLGEN DER ADV

Damit die mit der ADV gegebenen Möglichkeiten für eine Verarbeitung personenbezogener Information voll genutzt werden können, ist weitgehende Standardisierung unumgänglich. Insofern wird die vorgesehene Einführung des zwölfstelligen Personenkennzeichens (PK) von allen begrüßt; zumindest teilweise führt es aber auch zu einem verstärkten Unbehagen.

Besonders im öffentlichen Bereich wird im Rahmen der Umstellung auf ADV auch an die Ausbildung neuer Organisationsstrukturen gedacht. Negativ beurteilen die Experten die bislang noch nicht ausreichende Compatibilität der Anlagen.

Hierdurch wäre unter Umständen längerfristig ein innovationshemmender Effekt gegeben. Auch die Entwicklung austauschbarer Programm-Bausteine würde die Möglichkeit zu notwendigen Adaptionen wesentlich verbessern.

Insgesamt hat sich im Umgang mit der ADV ein erheblicher Wandel vollzogen: „Die Zeit der „Pioniertaten ist endgültig vorbei." Entsprechend werden heute eine Reihe von Maßnahmen als selbstverständliche Voraussetzung zum ordnungsgemäßen Betrieb eines Rechenzentrums gerechnet; zB
– bautechnische Maßnahmen
– closed-shop-Betrieb

– räumliche und personelle Trennung von Programmierung; Operating; Archivierung
– Plausibilitätskontrollen
– technisch-organisatorische Zugriffsbeschränkungen (auch an Terminals)
–Schulung und Prüfung des Personals.

Diese Maßnahmen sind zwar sehr aufwendig, liegen aber im Eigeninteresse des Anwenders.

NUTZEN DER ADV

Vorteile für die Betroffenen werden bei der ADV hauptsächlich in der Selektionsmöglichkeit gesehen, wodurch auch kleinste Zielgruppen ohne Mehraufwand angemessen berücksichtigt werden können.

Dies wirkt sich möglicherweise als eine Individualsierung der Betroffenen aus, so daß nach Meinung der Experten der häufig beschriebene Effekt einer Vermassung und Entfremdung nur bedingt richtig ist.

In diesem Zusammenhang wird Kritik an den Massenmedien geübt, weil dort sehr einseitig nur über das „Negative" derADV berichtet wird.

WANDEL DER INFORMATIONSBEDÜRFNISSE (SOZIALER WANDEL)

Das Informationsbedürfnis einer pluralistischen Gesellschaft kann ohne ADV überhaupt nicht mehr befriedigt werden. Das zeigt sich ua auch darin, daß der „Staat" zur Erfüllung seiner Sozialverpflichtungen über vielfältige und sehr zielgruppenspezifische Informationen verfügen muß.

Aber auch für andere Bereiche wird das Bedürfnis nach möglichst prägnanter, umfassender wie selektiver Information wachsen.

Es wird dabei nicht ausgeschlossen, daß sich neue „Zwecke" und entsprechend auch neuartige Informationsstrukturen herausbilden.

Insofern muß bei Innovationen durch ADV der Gesamtkontext von umfassenden sozialen Wandlungen berücksichtigt werden.

ERFAHRUNGEN MIT MISSBRAUCH

Bei der spontanen Einschätzung von „mißbräuchlich" verwendeter, personenbezogener Information wird eine Polarisierung von Experten des öffentlichen und nicht-öffentlichen Bereichs sichtbar: die potentiellen Mißbräuche werden eher im jeweils **anderen** Bereich angesiedelt. Bei gezielter Auseinandersetzung mit diesem Problemfeld ergibt sich eine mehrdimensionale Betrachtungsweise, wie an folgendem Beispiel demonstriert werden kann: Eine Firma vermeidet durch Abgleich der eigenen Personaldatei mit einem Kreiswehrersatzamt Entlassungen, indem die Wehrdienstfähigen gezogen werden. Je nach Standpunkt kann von einem „Nutzen" aller Beteiligten ausgegangen werden; deshalb sollte grundsätzlich der Maßstab eines „gesellschaftlichen Gesamtnutzens" gelten. Andererseits geben derartige Möglichkeiten zu Bedenken Anlaß.

Da alle von den Experten mitgeteilten Beispiele eines Mißbrauches sich auf die „Weitergabe an Dritte" beziehen, kann die Weitergabe als „Initialsituation" des Datenschutzes interpretiert werden.

Eindeutig wird dagegen die sogenannte „Computerkriminalität beurteilt; sie kann auch durch gesetzliche Maßnahmen nicht ausgeschlossen werden. Ihre **derzeitige** Bedeutung wird eher gering eingeschätzt.

EINSTELLUNGEN ZUM DATENSCHUTZ

Für alle beteiligten Experten ist die **Notwendigkeit eines Datenschutzes** unbestritten. Allerdings wird auch die Befürchtung geäußert, ob durch die bisherige Datenschutzdiskussion (getragen vor allem von Wissenschaftlern und spezialisierten Pragmatikern) nicht die eigentlichen gesellschafts-politischen Probleme eher verdeckt werden.

Das Ziel des Datenschutzes wird darin gesehen, die Transparenz der Betroffenen zu beschränken und die Transparenz besonders des „anonymen Staates" zu erhöhen.

INSTRUMENTE EINES DATENSCHUTZES

Die Wirksamkeit geltender Prinzipien bzw. gesetzliche Regelungen werden unterschiedlich beurteilt;

im **öffentlichen** Bereich vor allem durch
- Ressortprinzip
- Verwaltungsvorschriften und Dienstanweisungen
- Prüfung durch Rechnungshöfe
- Spezialgesetze (fachbereichsspezifisch)

im **nicht-öffentlichen** Bereich durch
- freien Wettbewerb
- Zwang zur Wirtschaftlichkeit
- Betriebsverfassungsgesetz
- Gesetz gegen den unlauteren Wettbewerb
- Spezialgesetze (fachbereichsspezifisch)
- Aufsicht durch Gewerbeamt.

Besonders in der öffentlichen Verwaltung wirkt zudem die **„Bürokratie“** als ein datenschutzrelevantes Instrument.

Da diese von den Experten assoziierten Prinzipien als vorrangig „innere“ Regelmechanismen der Organisation aufgefaßt werden können, ist ein gesetzlich geregelter Schutz der Betroffenen (auch der Experten) zusätzlich notwendig.

ERWARTUNGEN AN GESETZLICHE REGELUNGEN

Von hier aus erscheint der Kompromiß zwischen den Bedürfnissen von Benutzern und Betroffenen als ein „notwendiges Übel“. Damit die gerade durch ADV gegebenen Möglichkeiten zur Rationalisierung genutzt werden können, dürfen gesetzliche Regeln **nicht „perfektionistisch“** sein. (Der Entwurf des BDSG gilt insgesamt gegenüber anderen denkbaren Maßnahmen – für die Experten als relativ praktikabel.)

Gesetzliche Maßnahmen sollten auch deshalb „Perfektion“ vermeiden, weil diese den vielfältigen, mit einem Datenschutz verbundenen Konflikten nicht gerecht werden kann. Insofern votieren die Experten insgesamt für möglichst prägnante Mindestvorschriften, die am ehesten als ein Ausgleich verschiedener Ziele erlebt werden können.

AUFFANGGESETZ

In einer komplexen Gesellschaft mit vielfältigen Gruppierungen und Interessenkonflikten wird eine bundeseinheitliche Regelung im Sinne eines Auffanggesetzes befürwortet. Ausschließliche Regelungen etwa auf Landesebene würden den bundesrepublikanischen Gegebenheiten kaum gerecht werden können.

ADAPTION

Das zu regelnde Problem ist derart komplex, daß möglicherweise sehr weitreichende Konsequenzen bedacht werden müssen, die in ihrer ganzen Fülle noch nicht absehbar sind. Deshalb sollte man sich zunächst mit einem „globalen“ Gesetz begnügen, das mehrfach an neu entstehende Gegebenheiten adaptiert werden sollte und müsse.

GLEICHBEHANDLUNG DER DATEIEN

Da Datenschutz als ein generelles Anliegen angesehen wird, ist die gleichartige rechtliche Behandlung von manuellen wie automatisierten Dateien zweckmäißg und wird auch von solchen Experten akzeptiert, die bislang noch mit manuellen Dateien umgehen.

DATENSICHERUNG

Insbesondere hinsichtlich der Datensicherung wird noch mit technischen Veränderungen gerechnet, die eine genauere gesetzliche Regelung heute ungünstig erscheinen lassen.

Bereits jetzt haben sich bestimmte Verhaltensregeln herauskristallisiert, die als Mindestvoraussetzungen für den Aufbau und die Organisation von Rechenzentren gelten können.

ZEITPUNKT

Durch die intensive Datenschutzdiskussion ist eine erhebliche Unsicherheit über die zukünftige Praxis bei einer personenbezogenen Datenverarbeitung entstanden, weshalb aus pragmatischen Gesichtspunkten eine möglichst baldige gesetzliche Regelung gewünscht wird.

UNTERSCHIEDE DER BEREICHE

Die bereits erwähnten erlebnismäßigen Unterschiede in den Experten-Meinungen aus dem öffentlichen und privaten Bereich beziehen sich auf die erhöhte Schutzwürdigkeit des jeweils anderen Bereichs – auch Fachbereichs.

Diese Polarisierung von staatlichen und privatwirtschaftlichen Zielsetzungen spricht ebenso wie die Betonung des eigenen Fachbereichs für gesetzliche Regelungen in beiden Bereichen.

Experten aus dem privaten Bereich betonen allerdings, daß hier bis zu 99% aller Dateien völlig harmlos sind. Auch von hier aus wird die grundsätzliche Freigabe der sogenannten freien Daten unter Verwendung eines weiteren Gruppenmerkmals zweckmäßig und ausgleichend erlebt.

Sonderregelungen für Dateien im polizeilichen, medizinischen und publizistischen Bereich werden generell akzeptiert, auch wenn besonders bei einer Diskussion der polizeilich-geheimdienstlichen Tätigkeiten der politische Kontext unterschiedlich beurteilt wird.

VERHÄLTNIS VON DATENSCHUTZ UND DATENSICHERUNG

Während Daten**schutz** vorrangig als Schutz der Betroffenen **vor** Daten und ihrer Verarbeitung verstanden wird, entspricht die Sicherung **der** Daten auch dem unmittelbaren Interesse des Anwenders.

Auch ohne gesetzliche Verhältnisregeln haben sich Standards entwickelt, die bei Neueinrichtungen von Verarbeitungszentralen heute schon berücksichtigt werden.

Die Angleichung bereits bestehender Datenverarbeitungsbetriebe an diese eher „äußeren" Standards wird nach Schätzung von Computer-Herstellern bis zu 3 Jahren dauern.

Der Aufwand für diese heute schon zu eigen gemachten Normen sei zwar enorm; er sollte jedoch von Experten nicht als Argumentation **gegen** gesetzliche Datenschutzmaßnahmen benutzt werden.

SPEZIELLE DATENSCHUTZREGELUNGEN

Da die vorgesehenen Regelungen im gleichen Maß für konventionelle (vertraute) wie computerisierte (relativ neuartige) Verarbeitung gedacht sind, betonen die Experten, daß die überlieferten insgesamt eher guten Erfahrungen bei gesetzlichen Regelungen berücksichtigt werden müßten.

Eher skeptisch beurteilen die Experten deshalb diejenigen Maßnahmen, welche die Betroffenen mehr als bisher in den Prozeß der Informationsverarbeitung miteinbeziehen.

Gerade wegen der Möglichkeit der „Massenverarbeitung" bei ADV sollten die Rechte der Betroffenen unter dem Aspekt des „Gesamtnutzens" für **alle** Beteiligten festgelegt werden.

Dies gilt auch für die insgesamt problematische Weitergabe von Daten an Dritte. Wenn die Zulässigkeit dieser Weitergabe etwa von der Zustimmung der Betroffenen abhängig gemacht werden würde, so würde dies von den Experten als zu große Einschränkung empfunden werden.

Auch aus der Sicht von Betroffenen stellt sich ein „Dritter" sehr unterschiedlich dar; bei Abschluß einer Lebensversicherung etwa wird die Weitergabe von sehr empfindlichen medizinischen Daten durch einen Arzt an die Versicherung deshalb als sinnvoll angesehen, weil ein unmittelbarer „Nutzen" damit verbunden wird. Diese „direkte" Einsicht kann dagegen nicht immer, besonders auch beim Umgang mit staatlichen Behörden, vorausgesetzt werden.

Dagegen wird grundsätzlich das Recht auf einen Datenauszug von den Experten positiv beurteilt. Durch eine Kontrolle auf Richtigkeit von erfaßten Daten durch den Betroffenen selbst können Fehler vermieden werden.

Solche Maßnahmen würden nur dann ihren Sinn und Zweck erfüllen, wenn die Betroffenen die ihnen zugesprochenen Rechte auch angemessen ausnutzen würden. Die bisherigen Erfahrungen sprechen eher dagegen.

SELBST- UND FREMDKONTROLLEN

Die **Notwendigkeit,** aber auch die **Effizienz** von Datenschutz- und Datensicherungsmaßnahmen wird bei ADV grundsätzlich höher eingestuft. Speziell bei den **technischen** Kontrollmöglichkeiten sei die Entwicklung noch längst nicht abgeschlossen, weshalb ihre Wirksamkeit nur bedingt beurteilt werden kann.

Da vielfältige Interessen- und Problemfelder berücksichtigt werden müssen, wird generell eine Kontrolle durch „Experten" befürwortet. Bei einer Reihe von Organisationen wurden entsprechende Datenschutz-Beauftragte bereits ausgewählt, bei weiteren sind sie geplant. Diese Maßnahme einer personell-institutionalisierten Selbstkontrolle wird auch deshalb für sinnvoll angesehen, weil ein „Außenstehender" kaum über die notwendige Übersicht verfügen kann.

Wichtig für die wirksame Ausgestaltung eines derartigen „internen" Datenschutzbeauftragten sei vor allem eine Kompetenz, die mit Durchführungsverantwortung verknüpft ist.

Hier wird der Wunsch nach möglichst großer Unabhängigkeit eines institutionalistischen Datenschutzbeauftragten sichtbar.

Alle Experten halten diese Aufgabe für sehr schwierig und aufreibend; umfangreiche Erfahrungen werden vorausgesetzt. Insgesamt zeigt sich, daß die Notwendigkeit zumindest von Selbstkontrollen in größeren Organisationen nicht (mehr) in Frage gestellt wird.

Möglicherweise könnte diese Selbstkontrolle durch intensiven Kontakt mit einem externen Datenschutzbeauftragten (oder einer entsprechenden Behörde) noch wirksamer und zweckmäßig ausgestaltet sein.

Sowohl im öffentlichen wie nicht-öffentlichen Bereich wird diese Kontrollfunktion nur bedingt der Revision bzw. Rechnungsprüfung zugeordnet, weil dann Kollisionen zwischen Datenschutz- und Rationalisierungsaspekten unvermeidbar wären.

Die Einrichtung von Kontrollen eines Datenschutzes wird also generell akzeptiert (bzw ist bereits zu einer Selbstverständlichkeit im Verlauf der Diskussion geworden); jedoch hält man besonders im privaten Bereich weder unbeschränkte Informations- noch Berichtungsansprüche noch einen externen Datenschutzbeauftragten für praktikabel. Dagegen wird einem internen, „integren" Datenschutzbeauftragten auf Grund der umfassenden Kenntnis der verschiedenen Unternehmensbereiche eine zweckmäßige, auch dem Betroffenen zugute kommende Wirkung zugeschrieben.

Im öffentlichen Bereich rechnet man zusätzlich mit gesetzlichen Verhaltensregeln, die entsprechend umgesetzt werden würden.

AUFGABENVOLLZUG UND PLANUNG

Die häufig anzutreffende Paradoxie von polarisierenden Bedingungen bei der Beurteilung verschiedener Maßnahmen des Datenschutzes zeigt sich auch bei der Anonymisierung von Planungsdaten.

Generell reichen statistische Daten für Planungszwecke aus.

Aber gerade die Möglichkeiten der ADV können erst dann vollgenutzt werden, wenn zumindest in fachspezifischen Teilbereichen Reidentifikation „verplanter" Personendaten gegeben ist.

Auch der „Staat" könnte durch zielgruppenspezifische Selektion geplante Maßnahmen schneller und gerechter durchführen, etwa indem die jeweils Betroffenen **direkt** von der jeweiligen Behörde angesprochen werden.

Besonders deutlich zeigt sich die unterschiedliche Bewertung bei der unmittelbaren Verknüpfung von Vollzugs- mit Planungsaufgaben (und umgekehrt) in den kritischen Stellungnahmen zu entsprechenden Projekten der Bundesanstalt für Arbeit. Die dort geplante Verknüpfbarkeit von Eignungsprofilen und Arbeitsplatzprofilen als Hilfe für eine „optimale" Berufswahl sei jedenfalls bedenklich.

Auch wenn vom „Gesamtnutzen" bei einer Einschätzung solcher Zusammenhänge ausgegangen wird, bleibt ein erhebliches Unbehagen gegenüber den — durch ADV bedingten Manipulations-Möglichkeiten bestehen. Andererseits muß auch mit gesamtgesellschaftlichen, sozialen Wandlungen gerechnet werden, die als Ausgleich zwischen den verschiedenen Zielkonflikten wirksam werden könnten. oKnkrete Vorstellungen herüber bestehen allerdings bislang nicht.

INTEGRATIONSMODELLE

Die Realisierung einer zukünftigen Integration im Sinn einer zentralen Datenbank wird eher gering eingeschätzt.

Zumindest läßt die bisherige Entwicklung hoffen, daß die Gliederung nach Fachbereichen auch in der öffentlichen Verwaltung weitgehend beibehalten wird.

Kritische Stellungnahmen werden relativiert, weil zu einer Verwirklichung des „Großen Bruders" eine **umfassende** System-Analyse des gesamten öffentlichen Bereichs erforderlich ist. Die fortschreitende Automatisierung von Teilbereichen wirkt hierbei ebenso hemmend wie die nach wie vor gering bewertete Kompatibilität innerhalb automatisierter Systeme.

Insofern wird bislang eine vertikale wie horizontale Integration eher fachbereich-spezifisch gesehen.

Vor allem im Kommunalbereich wird von den Experten auch die Ausbildung neuer Organisationsstrukturen erwartet, die **regionale** Verbundsysteme mit sich bringen werden.

Einen grundsätzlichen Wandel des derzeitig bestehenden Informationsgleichgewichtes durch ADV sehen die Experten nicht, weil in einer pluralistischen Gesellschaft eine Vielzahl von Regelmechanismen wirksam sind, die in ihrer Gesamtheit eine ausgleichende Funktion erfüllen.

Jedenfalls wird die durch die ADV (besonders in Verbindung mit einem PK) verstärkte Gleichheit aller betroffenen Bürger **nicht** mit einer Gefährdung der Demokratie in Zusammenhang gebracht. Dabei betonen alle Experten, daß die **Nutzung** der durch ADV gegebenen Möglichkeit durch eine totalitäre Herrschaft schlimme Konsequenzen haben würde.

Abschließend kann folgendes festgehalten werden:

Trotz möglicher Einwände wird von den eher pragmatisch orientierten Experten die Notwendigkeit eines geseztlichen Datenschutzes nicht bestritten.

Besonders wichtig ist hierbei der Schutz einzelner Individuen und Gruppen von Individuen; inwiefern jedoch gesetzliche Regelungen zu einem spürbaren, wünschenswerten individuellen Nutzen führen können, wird nicht näher konkretisiert.

Obwohl grundsätzlich die Vorstellung besteht, daß durch die ADV selbst keine totalitären Strukturen entstehen, wird die Anwendung der ADV durch bereits bestehende totalitäre Systeme jedenfalls mit erheblichem Unbehagen verbunden. Dieses Unbehagen wird jedoch dadurch gemildert, daß die zukünftigen Auswirkungen veränderter Informationsstrukturen überschaubarer erscheinen.

Allerdings wird nicht ausgeschlossen, daß die gesamte Datenschutzdiskussion uU das Problem wesentlich umfassenderer politisch-gesellschaftlicher Wandlungen verdeckt; auch deshalb sollte schon bei dem Entwurf einer gesetzlichen Datenschutzregelung ihre mehrfache Adaption „mitgeplant" werden.

Hubert Rodingen und Christine Falke

Das Rechtsverfahren: Dressur oder Diskurs? *

1. Einstieg

Die Bemühungen um eine wissenschaftliche Bewältigung sowie um eine praktische Reform des Prozeßrechts scheinen nach vielversprechenden Neuansätzen wieder in gewohnte Bahnen einzumünden: Gegenüber etwa der Forderung sozialdemokratischer Juristen noch von 1971/1972, ein einheitliches Eingangsgericht für alle Klagarten vorzusehen und auf ein einheitliches Gerichtsverfassungs- und Gerichtsverfahrensgesetz (GVGVG) hinzuarbeiten[1], nehmen sich die Reformgesetze und Reformvorhaben des derzeitigen Bundesjustizministers sowie seines Vorgängers mehr als bescheiden aus[2]. Hatte nach dem 1. Weltkrieg eine kritische Durchsicht prozessualer Grundannahmen wie etwa der materiellen Rechtskraft[3] oder der materiellen Wahrheit[4] zu deren nüchterner Einschätzung geführt, so erleben wir heute deren Neu-Inthronisierung, ohne daß uns freilich gesagt wird, wieso das[5]. Wie Juristen überhaupt, so scheinen sich vor allem

---

* Zugleich eine Besprechung von: *Jürgen Rödig.* Die Theorie des gerichtlichen Erkenntnisverfahrens. Springer Verlag Berlin/Heidelberg/New York 1973. 348 Seiten. Leinen. DM 86,–. Der Erstabdruck erfolgte in DSWR 1976, 34.

[1] Leitsätze zur Vereinheitlichung der Verfahrensordnungen, beschlossen von der ASJ in Frankfurt/M.: RuP 1972, 79–82

[2] S. die Überblicke von: *Walter Holtgrave:* Zur Reform des Zivilprozeßrechts. ZZP 86 (1973), 1–19; *Hans Putzo:* Aktuelle Änderungen des Zivilprozeßrechts zum 1. 1. 1975. NJW 1975, 185–189; *Peter Rieß:* Der Hauptinhalt des Ersten Gesetzes zur Reform des Strafverfahrensrechts (1. StVRG). NJW 1975, 81–94; kritisch zu den Reformen und Reformvorhaben *Erhard Blankenburg:* Justizreform in Raten. ZRP 1974, 273–279

[3] *J. Goldschmidt:* Der Prozeß als Rechtslage. Berlin 1925, S 159, 213

[4] *Hans Walsmann:* Prozeßzweck und Verfahren im Zivilprozeß. Rheinische Zeitschrift für Zivil- und Prozeßrecht des In- und Auslandes. 12. Jg. (1923), 415 ff.

[5] Vgl: *Christian Bertel:* Die Identität der Tat. Wien/New York 1970: Was „Identität der Tat" heißen soll, war nie klar (S. 188); *Dionysios D. Spinellis:* Die materielle Rechtskraft des Strafurteils. Diss München 1962: Die Identität bestimme sich nach dem Sachurteilssollgegenstand (S 67); *Peter Dietrich:* Zur materiellen Rechtskraft eines klagabweisenden Urteils. ZZP 83 (1970), 201–214, der auch keine hilfreiche Definition bringt (S 212); vgl insbesondere zur Wahrheit die zahlreichen Prozeßzweck-Bestimmungen, zB bei: *Kern/Roxin:* Strafverfahrensrecht. 11. Auflage München 1972, S 11; *Otto Triffterer:* Analyse des kontinental-europäischen Strafverfahrens. RuG 1974, 166; *Heinz Zipf:* Strafprozeßrecht. Berlin/New York 1972, S 15; *Eike Schmidt:* Der Zweck des Zivilprozesses und eine Ökonomie. Frankfurt/M. 1973, S 10–38; *Eberhard Schmidhäuser:* Zur Frage nach dem Ziel des Strafprozesses. Festschrift für *Eberhard Schmidt.* Göttingen 1961, S 513: Die Wahrheit sei nur Voraussetzung der Gerechtigkeit, diese sei oberstes

Prozessualisten mit einer sozialwissenschaftlichen oder gar sozialphilosophischen Fundierung ihres Treibens schwerzutun, was sie wissenschaftlich und sozial in die Vereinzelung abdrängt. Ihre weitgehend aus dogmatischem Interesse gestellten Fragen erinnern im vielem an das Bemühen, das Wesen der Engel zu bestimmen[6], und wie den Vertretern der Wissenschaft von den Engeln droht auch den Prozessualisten die Gefahr der Lächerlichkeit. So ist es bezeichnend, daß zukunftsweisende Strömungen wie die Topik kaum verstanden[7], geschweige denn für den Prozess fruchtbar gemacht werden. Die theoretischen Ansätze der Gegenwart jedenfalls liegen ganz im Rahmen des Althergebrachten. Das kann vielleicht ein erster, flüchtiger Überblick deutlich machen:

1. Einmal wird versucht, abseits einer zu verwerfenden „Prozeßrechtsphilosophie" die Grundsätze und Leitprinzipien des Prozesses herauszustellen und zu bearbeiten[8]. Diese Versuche erinnern an *Bierlings* Juristische Prinzipienlehre[9] und sind natürlich wie alle sozialwissenschaftlichen Richtungen einer bestimmten philosophischen Strömung verbunden, hier deutlich dem Phänomenalismus der *Husserl*-Schule[10]. Sie teilen auch dessen Schwäche, angeblich vorfindbare Prinzipien wie die Prozeßmaximen, die seinerzeit *Gönner* hinzuerfunden hatte, noch einmal aufzuspüren und an ihnen eine Dogmatik festzubinden[11], statt sie auf

---

Ziel. Die Herkunft der Wahrheitspficht im Zivilprozeß wird sehr deutlich bei *Fritz von Hippel:* Wahrheitspflicht und Aufklärungspflicht der Parteien im Zivilprozeß. Frankfurt/M. 1939. Dort heißt es zum neu eingefügten ZPO § 138: „Indem er auch von den Parteien Wahrheit fordert, prägt er den Sinn unseres Rechtsganzen endgültig aus und schafft nötige Arbeitsgrundlagen insbesondere für den Richterstand, dessen Rolle autoritärer Prozeßleitung zu gleicher Zeit durch den Führergrundsatz eine bisher ungeahnte Unterstreichung erfährt, und dem es an zahlreichen alten und neuen Mitteln der Wahrheitserkundung im übrigen nicht mangelt." (S 28)

[6] *Duns Scotus* etwa (Summa Theologica. Romae 1901, Kapitel „De Angelis") untersucht mit unüberbietbarer Verstandesschärfe die Fragen: utrum angelus possit esse in pluribus locis simul; utrum plures angeli possint simul esse in eodem loco (173, 178); utrum angelus beatus peccare possit (333); utrum diabolus appetivit esse ut Deus etc. Vgl dazu das Urteil von *Eberhard Henke* (Besprechung von *Christoph von Mettenheim:* Der Grundsatz der Prozeßökonomie im Zivilprozeß. Berlin/München 1970 in: ZZP 84 (1971), 469): Für die unzähligen Streitfragen im Prozeßrecht gibt es ebensoviele Monographien. Die Dogmatik ist überentwickelt, obgleich die Gegenwart nicht mehr normgläubig ist. An anderer Stelle (Judicia perpetua oder: Warum Prozesse so lange dauern . ... ZZP 83 (1970), 164) verweist *Henke* auf die Normüberflut, auf das Anschwellen der Kommentare, die den Benutzer in ein immer dichteres Gestrüpp verstricken; siehe dazu nur den ZPO-Kommentar von *Wieczorek,* der schon 1963 ohne Register an die 7000 Seiten zählte.

[7] ein Beispiel für viele: *Claus-Wilhelm Canaris:* Systemdenken und Systembegriff in der Jurisprudenz. Berlin 1969, S 136 ff.

[8] ZB *Wolfgang Grunsky:* Möglichkeiten und Grenzen einer allgemeinen Prozeßrechtslehre im akademischen Unterricht. ZZP 85 (1972), 373—391

[9] *Ernst Rudolf Bierling:* Juristische Prinzipienlehre in 5 Bänden. Freiburg i. Br./Leipzig ab 1894.

[10] *Edmund Husserl:* Formale und transzendentale Logik. Halle 1929; ders: Logische Untersuchungen. Erster Band. 5. Auflage Tübingen 1968; *Gerhart Husserl:* Der Rechtsgegenstand. Kiel 1933; *Adolf Reinach:* Die apriorischen Grundlagen des bürgerlichen Rechts. 2. Auflage Halle 1922.

[11] Dazu *Falk Bomsdorf:* Prozeßmaximen und Rechtswirklichkeit. Berlin 1971.

die jeweilige Lage hin zu relativieren. Diese Ansätze bleiben hinter denen *Goldschmidts* zurück[12] und verstricken die ohnehin schon überentwickelte Prozeßrechtsdogmatik weiter in selbsterzeugte Streitfragen, statt sie sozialwissenschaftlich zu entschlacken[13].

2. Eine zweite Strömung, die theoretisch und praktisch sehr einflußreich ist, zentriert um den Zweckgedanken, der in der Neuzeit vor allem von *Hobbes* betont worden ist[14]: Der Zweck wird von mehreren Prozessualisten als die Grundkategorie des Prozesses schlechthin ausgegeben[15], und dementsprechend ist die finale und funktionalistische Deutung des Prozesses gang und gäbe. Das liegt auch nahe. Denn das Verfahren ist zunächst erst einmal ein Handlungsablauf[16], und Handlungen laufen entweder auf einen außerhalb ihrer selbst liegenden Zweck hinaus – dann sind sie Mittel[17] – oder auf sich mit ihnen entwickelndes Ziel[18] – dann sind sie Selbstzweck, denn das Ziel ist Inhalt der Handlung und nicht nur deren Erfolg[19].

Vom Mittel-Zweck-Denken zeugen etwa die Versuche, den Prozeß zu beschleunigen, um damit Zeit einzusparen[20], oder das Bemühen, durch das Rechtsverfahren den Betroffenen kommunikativ zu isolieren, um die Umwelt gegen seinen Protest, den er im Falle seiner Niederlage erheben könnte, abzuschirmen und zu immunisieren[21]. In beiden Fällen entartet der Prozeß nicht nur zu einem „halb lächerlichen, halb ärgerlichen Juristen-Hokuspokus"[22], der anderem dient, als er vorgibt, sondern er ist auch gründlich mißverstanden: Schon *Goldschmidt* hat –

---

[12] *Goldschmidt* (Fußnote 3), S 134, 255 ff; ähnlich *August Maria Berges:* Der Prozeß als Gefüge. NJW 1965, 1505–1509.

[13] *Henke* (Besprechung Fußnote 6), S 469.

[14] *Thomas Hobbes:* Leviathan. Oxford 1967, insbesondere S 65 ff; ders: Vom Menschen. Vom Bürger. Herausgeber *G. Gawlick.* Hamburg 1966.

[15] *Wilhelm Sauer:* Grundlagen des Prozeßrechts. 2. Auflage Stuttgart 1929, S 6; *Wolfram Henckel:* Prozeßrecht und materielles Recht. Göttingen 1970, S 5 ff, 47 ff; dazu die Besprechung von *Eduard Bötticher.* ZZP 85 (1972), 1–29: In beiden Fällen ist wohl eher das Ziel als der Zweck gemeint.

[16] Daher der zeitliche Ausschluß von Handlungsmöglichkeiten in jedem Prozeß; siehe *Rödig,* S 21.

[17] In der BRD bemühen sich die Juristen vor allem im Zusammenhang mit der Erfassung des Planes um die Klärung des Zweckbegriffs, der – eben da für den Plan fundamental – in der UdSSR schon lange diskutiert wird; dazu *Hubert Rodingen:* Die gegenwärtige rechts- und sozialphilosophische Diskussion in der Sowjetunion. Archiv für Rechts- und Sozialphilosophie 1970, 222; kaum klärend hier: *Niklas Luhmann:* Zweckbegriff und Systemrationalität. Tübingen 1968, insbesondere 240 ff.

[18] So etwa die Integration im Sinne Smends: *Rudolf Smend:* Staatsrechtliche Abhandlungen. 2. Auflage 1968, S 475–481

[19] Begriffspaar Ziel–Zweck bei *Carl von Clausewitz:* Vom Kriege. Reinbek 1963, S 204

[20] Sehr einflußreich *Fritz Baur:* Wege zu einer Konzentration der mündlichen Verhandlung im Prozeß. Berlin 1966, S 10 ff; *Rolf Bender:* Die Hauptverhandlung in Zivilsachen – ein erster Schritt zur Justizreform. JA 1971, ZR S 237–244; *Gerhard Herbst:* Die Vorbereitung der Hauptverhandlung in Zivilsachen in Bayern. In: *Rolf Bender* (Herausgeber): Tatsachenforschung in der Justiz. Tübingen 1972, S 167–178.

[21] *Niklas Luhmann:* Legitimation durch Verfahren. Neuwied 1969.

[22] So *Frank Klein* laut *Johann J. Hagen:* Die soziale Funktion des Prozesses. ZZP 84 (1971), 390.

seinerzeit entgegen *Bülow* – den Prozeß nicht in ein reines Zweckverhältnis aufgelöst, denn er hat mit Recht die Urteilstätigkeit auch als Inhalt des Verfahrens angesprochen und nicht nur als Erfolg[23]. Anders gesagt: Das Prozeßhandeln hat Selbstwert – etwa Verständigung, Mitteilung –, und es ist nicht nur (verdinglichtes) Mittel für einen außerhalb seiner liegenden Zweck[24].

Wie in der finalistischen Mittel-Zweck-Ausrichtung das Verfahren seinen Selbstwert einbüßt, so auch in der rationalistischen Grund-Folge-Ausdeutung. War da der Prozeß ein abgeleitetes Mittel zu einem vorausgesetzten Zweck, so ist er hier eine abgeleitete Folge aus einem vorausgesetzten Grund.

3. Das Grund-Folge-Denken, die dritte der Strömungen, aus denen der Prozeß gedeutet und verstanden wird, hat die ehrwürdigste Tradition[25]. Der Rationalis--mus ist die Mutter der juristischen Subsumtion. Er verheißt die Nachprüfbarkeit von Aussagen, das sind Subjekt-Prädikat-Fügungen oder Urteilssätze, denen inhaltlich Wahrheit und formal Richtigkeit zu- oder abgesprochen wird. Wahr ist die bewiesene, richtig die abgeleitete Aussage: Wer die Tatsachen nicht beweist, aus denen er den Anspruch herleitet, wird abgewiesen, und das Urteil, das nicht richtig folgert, unterliegt der Aufhebung. Beim Tatsachenbeweis wird das Bestehen materieller Wahrheit vorausgesetzt, bei der Rechtsbegründung das Bestehen einer gültigen Norm. Daher der Gedanke, daß das Rechtsverfahren auf den Beweis sowohl von Tatsachen als auch von Normen hinausläuft. Das ist die Grundthese von *Rödigs* Buch, das stellvertretend für die rationalistische Richtung in der Prozeßrechtstheorie jetzt besprochen werden soll.

2. Referat

Nach *Rödig* ist der Rechtsprozeß ein gesteuerter Prozeß (19). Denn an mindestens einer Stelle wird einer von zwei möglichen Schritten ausgewählt, und es fällt eine alternative Entscheidung (21). Durch fortlaufende Ausschaltung von Alternativen in den einzelnen Prozeßphasen wird eine Entscheidung ermöglicht; das ist gewissermaßen die allgemeine Prozeßstruktur.

Der Prozeß muß von seinem Zweck (Ziel?) wie von seiner Methode her begriffen werden (7).

Die Versuche, den Prozeßzweck zu bestimmen, bieten, wie *Rödig* meint, ein verwirrendes Bild. Doch läßt sich erkennen, daß der Zweck gerichtlicher Verfahren im Bezug zur Zwangsvollstreckung steht und daß diese sich auf die Rechtsidee

---

[23] *Goldschmidt* (Fußnote 3), S 289.

[24] Hier wäre auf die bisher stark vernachlässigte Vergleichstätigkeit hinzuweisen, die zur Zeit von einer am Zentrum für interdisziplinäre Forschung in Bielefeld tätigen Gruppe untersucht wird; siehe auch *Gerhard Struck:* Der Abschluß des Prozeßvergleichs als Ausbildungsproblem. Noch unveröffentlichtes Manuskript.

[25] Die etwa deutlich hervortritt bei: *Franz Horak:* Rationes decidendi. Band 1 Aalen 1969; *Gerhard Otte:* Dialektik und Jurisprudenz. Frankfurt/M. 1971. Doch wie in der Jurisprudenz üblich, wird hier der Rationalismus dogmatisiert, weil er nicht auf die Skepsis und Rhetorik der griechischen Denker hin relativiert wird. Dazu: *Theodor Viehweg:* Topik und Jurisprudenz. 5. Auflage München 1974; *Josef Martin:* Antike Rhetorik. München 1974; *H. Gomperz:* Sophistik und Rhetorik. Leipzig 1912; *Raoul Richter:* Der Skeptizismus in der Philosophie. 1. Band Leipzig 1904.

bezieht (50): „Durch das gerichtliche Erkenntnis wird die Erkenntnis des Verpflichteten wie er zu handeln habe, und durch die Zwangsvollstreckung wird der Wille des Verpflichteten, nach dem Erkannten zu handeln, substituiert." (55).

Zur Methode verlautet: „Der juristische Prozeß hat die logische Form des Beweises" (3). Beweisen heißt aber logisch folgern (113). Zwar reicht die Logik allein nicht aus, denn auch die – dem Verfasser als rätselhaft erscheinende – Topik kommt vor (116). Dennoch ist der Prozeß einheitlich als Beweis zu begreifen, wobei nicht nur Tatsachen, sondern auch Normen bewiesen werden müssen (239 ff, 252 ff), und dies schon deswegen, weil die Alternative von Fakten und Normen unrichtig ist (259). Ins Urteil fließen Fakten und Normen ein, und: „Das richterliche Urteil kann als zu beweisende Behauptung angesehen werden". (163).

Das Urteil ist entgegen der landläufigen Ansicht nicht nur die Folge aus dem gesetzlichen Obersatz (der Norm) und dem faktischen Untersatz (dem Sachverhalt). Vielmehr kommt als dritte Prämisse noch die Konkretisierung hinzu, so daß das Schlußschema ist:

(i) Obersatz

(ii) Untersatz

(*) Konkretisierung

(iii) Conclusio (Urteilstenor)

Konkretisierung meint entweder Exemplifizierung (Ersetzung quantifizierter Variablen durch Konstanten, z. B. des Mieters durch den beklagten Mieter pb) oder aber Substantiierung (Entfaltung von Tatbestandsmerkmalen) (173). Der Tatbestand kann nur zusammen mit den Rechtsfolgen konkretisiert werden (176). Nur substantiierte und exemplifizierte Normen sind subsumtionsfähig (177, 232). Das wird nun formalisiert.

Rödig stellt der Darstellung der Formalisierungen eine Übersicht über mengentheoretische Grundlagen voraus (123 ff). Darauf aufbauend legt er die symbolische Sprache dar: die Grammatik, die Interpretation sowie die Folgerungs- und Ableitbarkeitsbeziehung. Für das Verständnis des Folgenden sind diese Symbole wichtig:

$\wedge$ „und" (Konjunktur); $\rightarrow$ „wenn . . ., dann . . ." (Implikator);

$\longleftrightarrow$ „genau dann, wenn" (Äquivalentor); $\wedge$ „für alle" (Generalisator); Aa^2 (. , .), Ab^2 (. , .), . . . 2- stellige Prädikate; Aa (.), Ab (.), . . . 1 stellige Prädikate; a, b, c . . . Subjektsvariable; aa, ab, . . . Subjektskonstante; schließlich runde Klammern als darstellungstechnische Symbole.

Hiermit läßt sich das Schlußschema wie folgt formalisieren:

(i) $\wedge p_1 \wedge p_2 \, (Bd_a^2(p_1,p_2) \rightarrow An_a^2 \, (p_1,p_2)$ (169)

(ii) $Bd_s^2 \, (p_1,p_2)$ (175)

(*) Konkretisierung

(iii) An_s^2 (pk,pb) (177)

Es bedeuten dabei:

Bd_{α}^{2} (. , .)	abstrakt formulierte Bedingungen für das Bestehen des Anspruchs;
An_{α}^{2} (. , .)	– abstrakte – rechtliche Folge;
Bd_{s}^{2} (. , .)	„Der Sachverhalt hat sich ereignet.“;
An_{s}^{2} (pk, pb)	konkreter rechtlicher Sollensanspruch, bezogen auf den Kläger pk und den Beklagten pb.

Die Konkretisierung soll es ermöglichen, An_{s}^{2} (pk, pb) logisch aus (i) und (ii) herzuleiten.

Wird bei der Konkretisierung von (i) von einer getrennten Substantiierung der Anspruchsbedingung und der Rechtsfolge ausgegangen, kann das Ergebnis der Konkretisierung schematisch wie folgt dargestellt werden:

$$\wedge p_1 \wedge p^2 (Bd_s^2 (p_1,p_2) \rightarrow An_\alpha^2 (p_1,p_2))$$

der
Ansprachsbedingung

Exemplifizierung
der Rechtsnorm

der
Rechtsfolge

Exemplifizierung

$$Bd_\alpha^2 (pk,pb) \rightarrow An_\alpha^2 (pk,pb) \quad Bd_s^2 (pk,pb) \rightarrow Bd_\alpha^2 (pk,pb) \quad An_s^2 (pk,pb) \rightarrow An_\alpha^2 (pk,pb)$$

Diese drei gewonnenen Inplikationen lassen zusammengenommen jedoch nicht den Schluß auf An_{s}^{2} (pk, pb) zu (177): Man ersetze die 4 verschiedenen Prädikate durch jeweils A, B, C und D. Dann ist die Implikation $(A \rightarrow B) \wedge (C \rightarrow A) \wedge (D \rightarrow B) \rightarrow (C \rightarrow D)$ nicht logisch zwingend, und damit ist auch der Schluß auf das konkrete Sollensurteil nicht möglich.

Der ist erst möglich, wenn *Rödig* vorausgesetzt, daß sich Anspruchsbedingung und Rechtsfolge gleichzeitig in folgender generalisierter Äquivalenz substantiieren lassen:

$$\text{(iv)} \quad \wedge p_1 \wedge p_2 \quad ((Bd_\alpha^2 (p_1,p_2) \rightarrow An_\alpha^2 (p_1,p_2)) \longleftrightarrow ((Bd_s^2{}_1 (p_1,p_2) \rightarrow An_s^2{}_1 (p_1,p_2)) \wedge (Bd_s^2{}_2 (p_1,p_2) \rightarrow An_s^2{}_2 (p_1,p_2)) \wedge \ldots\ldots \wedge (Bd_2^2{}_n (p_1,p_2) \rightarrow An_s^2{}_n (p_1,p_2)))) \quad (177)$$

Die endlich vielen Implikationen auf der rechten Seite der Äquivalenz bedeuten sozusagen die möglichen Fallgruppen der Rechtsnorm (i). Diese Fallgruppen schließen sich, was *Rödig* allerdings nicht sagt, gegenseitig aus; denn nur dann ist die rechte Seite der Äquivalenz schon beim Vorliegen einer der Fallgruppen wahr: Die Prämissen der übrigen Implikationen sind, da die Sachverhalte nicht vorliegen, falsch und damit die Implikationen wahr. Die Äquivalenz (iv) muß in der schematischen Darstellung des „richterlichen Syllogismus“ als Zeile (*) stehen (177).

Exemplifiziert man nun (iv), ergibt sich

$$(v)\quad (Bd_a^2\,(pk,pb) \rightarrow An_a^2\,(pk,pb)) \longleftrightarrow ((Bd_s^2{}_1\,(pk,pb) \rightarrow An_s^2{}_1\,(pk,pb) \wedge \ldots\ldots \wedge (Bd_s^2{}_n\,(pk,pb) \rightarrow An_s^2{}_n\,(pk,pb))).$$

Rödig leitet nun Zeile (iii) her: Eine der Implikationen aus (v) stimme mit

$$(vi)\ Bd_s^2\,(pk,pb) \rightarrow An_s^2\,(pk,pb)$$

überein. Dann läßt sich aus (i) durch Ausnutzen der Äquivalenz (v), diese gleichsam von links nach rechts gelesen, eben die Implikation (vi) und damit schließlich (iii) herleiten (177).

Zur genaueren Erläuterung des Prozesses der Substantiierung geht *Rödig* von folgender Formalisierung der abstrakten Rechtsnorm aus:

$$(vii)\ \wedge p\,(Tb_a^1\,(p) \rightarrow Rf_a^1\,(p)).$$

Dabei sind:

$Tb_a^1(.)$ abstrakter Tatbestand;

$Rf_a^1(.)$ die entsprechende (abstrakte) Rechtsfolge (181).

Sind $Tb_p^1(.)$ und $Rf_p^1(.)$ präzisierter Tatbestand und präzisierte Rechtsfolge, hat die Präzisierung von (vii) folgende Form:

$$(viii)\quad \wedge p\,((Tb_a^1(p) \rightarrow Rf_a^1(p)) \longleftrightarrow ((Tb_p^1{}_1(p) \rightarrow Rf_p^1{}_1(p)) \wedge (Tb_p^1{}_2(p) \rightarrow Rf_p^1{}_2(p)) \wedge \ldots\ldots \wedge (Tb_p^2{}_m(p) \rightarrow Rf_p^2{}_m(p)))) \quad (181).$$

Als Aktualisierung verfährt man mit jeder Einzelnorm entsprechend ($Tb_s^1(.)$). substantiierter Tatbestand, $Rf_s^1(.)$ entsprechende substantiierte Rechtsfolge):

$$(ix)\quad \wedge p\,((Tb_p^1{}_1(p) \rightarrow Rf_p^1{}_1(p)) \quad ((Tb_s^1{}_{1.1}(p) \rightarrow Rf_s^1{}_{1.1}(p)) \wedge \ldots \quad ((Tb_s^1{}_{1.n}(p) \rightarrow Rf_s^1{}_{1.n}(p))$$

Es ist deutlich die übereinstimmende logische Struktur von Präzisierung und Aktualisierung zu sehen.

Rödig merkt an, daß man durch formale Umformungen von (viii) und (ix) zu einem Ausdruck kommen kann, der (v) entspricht.

Den Prozeßgegenstand bestimmt *Rödig* durch die Menge der Paare
⟨Sachverhaltsversionen, darauf bezogene substantiierte Rechtsnormen⟩,
den sogenannten Prämissenspielraum, die er allerdings nicht formalisiert (237).

Anschließend sei die formale Beschreibung der Bedeutung einer Norm dargestellt:

Rödig geht von der Menge der Sachverhalte aus, die die Extension des Tatbestandes einer Rechtsnorm bilden: $\{sa_1, sa_2, \ldots, sa_k\}$ (271).

Die Sachverhalte werden als Regelungsanlasse aufgefaßt. Jeder Sachverhalt sa_i wird mit den an den vorausgesetzten Werten gemessenen verträglichen Verhaltensweisen ve_{ie} kombiniert. Es ergibt sich die folgende Menge von Sachverhaltspaaren:

(x) $\{\langle sa_i, ve_i \rangle, \quad \langle sa_i, ve_{i2} \rangle, \quad \ldots., \langle sa_i, ve_{ij} \rangle\}$.

Dies führt man für alle k Sachverhalte durch und bildet die Vereinigungsmenge

(xi) $\langle sa_1, ve_{1.1} \rangle, \quad \langle sa_1. ve_{1.2} \rangle, \quad \ldots \quad \ldots, \quad \langle sa_1, ve_{1.m} \rangle,$
$\langle sa_2, ve_{2.1} \rangle, \quad \langle sa_2, ve_{2.2} \rangle, \quad \ldots \quad \ldots, \quad \langle sa_2, ve_{2.n} \rangle$
$\langle sa_3, ve_{3.1} \rangle, \quad \ldots\ldots\ldots\ldots, \quad \ldots, \quad \langle sa_k, ve_{k.O} \rangle\}$

Die Vereinigung dieser Menge mit der Menge der mit dem Rechtssatz unvereinbaren Sachverhaltspaare ist die Bedeutung der Norm (275). Die Bedeutung der Norm ist also die Menge der positiv bewerteten Sachverhalte samt deren Komplement. Die Bedeutung in diesem Sinne aber kann nicht Gegenstand der Gesetzesauslegung sein, dies schon deswegen nicht, weil keine Bedingung angebbar ist, die die Menge der Sachverhaltspaare definiert (288). Daher kann Gesetzesauslegung „nur zur Präzisierung (...), dagegen nicht zugleich zur Aktualisierung (...) des Gesetzes führen." (299)

Zum Schluß kommt *Rödig* auf die Hauptthese zurück, daß der Richter im Rahmen des prozeßlich fixierten Themas Tatsachen und Normen beweisen müsse: Beim Tatsachenbeweis stehen ihm kaum mehr als dürftige Erfahrungssätze zur Seite, die wie in der Naturwissenschaft induktiv erschlossen werden (251). Der Normbeweis kann deduktiv (254ff) oder reduktiv (2371ff) geführt werden. Die Deduktion ist begrenzt, weil die Normprämissen nicht unendlich durch weitere Prämissen begründet werden können. Die Prämissen, bei denen man stehen bleibt (Axiome), können aber reduktiv begründet werden. Die Reduktion läuft auf die „Aufklärung des geschichtlichen Verfassungsgebungsaktes hinaus", auf die Absichten und Motive der Verfasser des Gesetzes (278, 294, 297).

3. Kritik

Das war's also? Das wird sich der Leser, dem ja nicht wenig zugemutet wurde, am Ende fragen: Der ganze Aufwand für diesen dürftigen Ertrag, bei dem erst die Fragen anfangen? Ist es sogar nach *Rödig* selber fraglich, wie der Wille des historischen Gesetzgebers erkannt und, wenn als erkannt behauptet, bewiesen werden kann, dann beginnt das Spiel von Neuem, denn die Reduktion, die den Fortgang zum Unendlichen anhalten soll, eröffnet ihn wieder:

Wie rechtgläubige Logiker allgemein, so nimmt auch *Rödig* die Kritik an der Logik nicht zur Kenntnis, die schon in der antiken Tropenlehre geübt worden ist: *Rödig* hat mit seinem Reduktionsprogramm nur die Wahl zwischen dem Rückgang zum Unendlichen (ὁ εἰς ἄπειρον ἔκβαλλων τρὸπος) und dem Ausgang von einer unbewiesenen Prämisse (τρὸπος ὑποθετικὸς). Den dritten Tropos, die Diallele (τρὸπος διάλληλος) die immer in einem kleinen Zirkel zwischen den Prämissen und dem Schlußsatz verfährt und die dem juristischen Treiben, wenn man es schon logisch erfassen will, allein angemessen ist[26], erörtert *Rödig* nicht.

---

[26] Vgl *Josef Esser:* Vorverständnis und Methodenwahl in der Rechtsfindung. Frankfurt/M. 1970; *Winfried Hassemer:* Juristische Argumentationstheorie und juristische Didaktik. In: Jahrbuch für Rechtssoziologie und Rechtstheorie. Band 2 Düsseldorf 1972. S 467 bis 480.

Würde er das tun, dann blieben ihm nur zwei Wege: entweder der *Kant*sche Weg[27], der aufzeigt, was wir im Glauben an Logik mit ihr anrichten, oder aber die Skepsis der Rhetoriker und Sophisten[28], die den dreigliedrigen Syllogismus nur für eine sprachliche Aufblähung des zweigliedrigen Enthymems halten, welches dem Hörer eine Gleichsetzung oder Folgerung „zumutet" (von θυμός, Mut)[29].

So einseitig wie in theoretischer Hinsicht ist *Rödigs* Werk in praktischer: Zwar sind nach unserer Ansicht die von Rödig durchgeführten formalen Ableitungen korrekt, dafür aber, wie so oft bei einem ausschweifenden Formalismus, unerfüllbar. Wäre nämlich ein normativer Kernbereich in Fallgruppen auflösbar (wäre formal die Äquivalenz (iv) für auch nur eine Norm aus den Kernbereichen des Rechts auffindbar)[30], und wäre der zu entscheidende Einzelfall allein auf Grund des Sachverhalts als zu einer Gruppe gehörig bestimmbar, dann wären die Hauptfragen einer automatischen Subsumtion gelöst. Nun hat aber die Rechtsinformatik in den Kernbereichen des Rechts – dem Straf- und Vermögensrecht – nicht einmal einen Weg zur Wiederauffindung des gespeicherten Materials gewiesen[31], geschweige denn einen Weg zu dessen Verarbeitung, und man kann absehen, daß sie diesen Weg nie finden wird. Denn sie geht wie *Rödig* von einer falschen Sprachauffassung aus, nämlich der informations- oder zeichentheoretischen Sprachauffassung, die voraussetzt, daß Wörter Zeichen für hinter ihnen stehende Bedeutungen seien und daß man sich im Bedeutungstransfer verständige[32]. Diese – wie man sie genannt hat – Huckepack-Theorie, die den

---

[27] *Immanuel Kant:* Kritik der reinen Vernunft. 2. Auflage 1787 (Akademie-Ausgabe). Neudruck Berlin 1968, S 79. *Kant* versucht hier, die traditionelle Frage nach der *Wahrheit*, bei der die Logiker sich „auf einer elenden Diallele mußten betreffen lassen", neu zu formulieren.

[28] „Ganz dasselbe, mein Bester, ist ein Sophist wie ein Redner, oder ihm wenigstens sehr nahe und verwandt", sagt *Sokrates* zu Kallikles: Platon: Gorgias. Herausgeber *Kurt Hildebrandt.* Stuttgart 1961, S 158; vgl *Gomperz* (Fußnote 25), S 43.

[29] Was Syllogismus, , und Induktion, , in der Logik, das sind Enthymem, und Beispiel, in der Rhetorik; vgl *Martin* (Fußnote 25), S 102.

[30] Siehe dazu *Fritjof Haft:* Juristische Dokumentation mit Computern - Entwicklungsstand, Probleme und künftige Möglichkeiten. In: EDV und Recht. Herausgeber *Arthur Kaufmann.* München/Berlin 1973, S 124.

[31] *Dieter Horn:* Die semantischen Aspekte der Informationswiedergewinnung. NJW 1971, 1588; ders: Perzeption und Kommunikation. Archiv für Rechts- und Sozialphilosophie 1974. S 1–26

[32] Diese in der logizistischen Tradition liegende Sprachauffassung samt des ihr eigenen ontologischen Wahrheitsbegriffs ist von Rhetorikern und Skeptikern immer wieder angezweifelt worden. Der Gegensatz zwischen etwa *Plato* und *Protagoras* findet in der Neuzeit bei *Descartes* und *Vico* eine Parallele, und gegenwärtig bevorzugt man den Gegensatz zwischen dem *Wittgenstein,* des Tractatus Lggicg-Philosophidus und dem *Wittgenstein,* der Philosophischen Untersuchungen. Man kann für die gegensätzliche Sprachauffassung auch *Noam Chomsky* auf der einen und *Wilhelm von Humboldt* auf der anderen Seite anführen: *Richter* (Fußnote 25), S 14 ff; *Hans-Georg Gadamer:* Rhetorik, Hermeneutik und Ideologie-Kritik. In: Hermeneutik und Ideologiekritik. Frankfurt/Main 1973, S 59 ff; *Anastasios Giannaras:* Der Perspektivismus der griechischen Skepsis. In: Philosophische Perspektiven 1. Frankfurt/Main 1969. S 216–228; *Ernesto Grassi: G. B. Vico* und das Problem des Beginns des modernen Denkens. Zeitschrift für philosophische Forschung 1968, S 491–509; *Noam Chomsky:* Cartesianische Lin-

Juristen von Informationsaposteln wie *Simitis*, neu aufgebunden wurde[33], wird neuerdings auch von *Stegmüller*, auf den sich *Rödig* beruft, angezweifelt[34]. Sie hat in der Rechtsinformatik zu unsinnigen Ausgaben geführt, weil sie ihren Bereich – den logisierten Bereich invarianter Wesenheiten – überschreitet und auch die Kernbereiche des Rechts krebsartig überwuchert. Sie herrscht aber weiter vor, weil sie dem naiven Logizismus und Essentialismus vieler Juristen entspricht und sich als Absicherung ihrer Standesideologie vorzüglich eignet.

Unser Urteil, daß *Rödigs* Werk praktisch nicht sonderlich brauchbar ist, stimmt der Ansicht *Meurers* überein, der *Rödigs* Buch in der FAZ rezensiert hat[35]. Doch haben wir mit *Adomeit*, dessen Besprechung im AcP erschienen ist[36], die eben angemeldeten Zweifel an der theoretischen Güte des Buchs und zweifeln entgegen *Meurer* erst recht daran, daß *Rödig* eine „glänzende Darstellung" moderner logischer Theorie und Methode" geliefert habe. Leider ist das Gegenteil wahr:

Die Zusammenhänge zwischen den verschiedenen Formalteilen bleiben undeutlich, so z. B. der Zusammenhang zwischen (i) und (vii). Undeutlich bleibt, wie die Bedeutung im Sinne *Rödigs* in das konkrete Sollensurteil eingeht. Überhaupt sind die logischen Grundlagen in 3.2 so dargestellt, daß man den Eindruck gewinnen kann, es käme dem Verfasser geradezu auf ein Nicht-Verstehen an. Druckfehler gerade in diesem Abschnitt (z. B. S. 126 Mitte φ statt Φ), wobei noch anzumerken ist, daß φ hier eine Menge sein soll und einige Zeilen höher der Name einer Abbildung) tragen das Ihrige zum Unverständnis bei. Hinzukommen Sprachstereotypen, die auf die Dauer anstößig wirken. So meint *Rödig*, wenn er wieder einmal eine seiner zahlreichen Unterscheidungen einführt, zumeist gleich „scharf" unterscheiden zu müssen (z. B. S. 44, 83, 126, 151, 167, 171, 173, 191, 223 gleich zweimal, 260) oder gar noch „schärfer, als dies meist geschieht" (S. 166), was dann wie üblich Hand in Hand geht mit der stereotypen Klage über die Beschränktheit der menschlichen – richtiger wäre: der orthodox logischen – Erkenntnis (z. B. S. 28, 100, 261). Ein vielfach gestelztes Papierdeutsch (z. B. S. 36: „Wir diskutieren einen, falls er richtig ist, für die Bestimmung des

---

guistik. Tübingen 1971; *Wilhelm von Humboldt:* Über die Verschiedenheit des menschlichen Sprachbaues und ihren Einfluß auf die geistige Entwicklung des Menschengeschlechts. Berlin 1836; des näheren siehe die Sprachphilosophien von *Erich Heintel* (Darmstadt 1972), *Richard Hönigswald* (Darmstadt 1970), *Bruno Liebrucks* (Frankfurt/Main 1964, 1965) und *Wilhelm Luther* (Heidelberg 1970).

33 Auf dem Rechtsinformatik-Kongreß in München glaubte *Simitis*, der einst die Informationslücke im Recht entdeckt hatte, nun eine Untertänigkeit gegenüber den Rechtsinformatikern entdeckt zu haben; siehe *Hubert Rodingen:* Der Fortschritt fordert einen hohen Preis. Vom Sinn und Unsinn der aufwendigen Rechtsinformatik. Frankfurter Rundschau vom 28. 6. 1973.

34 *Rödig*, S 259; *Wolfgang Stegmüller:* Probleme und Resultate der Wissenschaftstheorie und der Analytischen Philosophie. Band 2 Theorie und Erfahrung. Berlin/Heidelberg/New York 1970, S 8, 365

35 *Dieter Meurer:* Der Prozeß am Zügel der Logik. Eine Theorie rationaler Rechtsanwendung und Gesetzgebung. FAZ vom 31. 7. 1974.

36 *Klaus Adomeit:* Der gerichtliche Prozeß in der Sicht der Rechtstheorie. Archiv für die civilistische Praxis. Band 174 (1974), 407–414.

Prozeßzwecks, insbesondere der Funktion des richterlichen Urteils, grundlegenden Gedanken vorweg") schließlich vervollkommnet den Eindruck eines Werkes, das, munter am Faden formaler Logik fortschreitend, sich am Schluß selber eingesponnen hat.

Wieso diese ausführliche Kritik? Deswegen, weil *Rödigs* Werk in vieler Hinsicht für den Stand der Rechtsforschung und vor allem der Prozeßrechtsforschung bezeichnend ist. Zunächst zur Rechtsforschung.

Erst einmal handelt es sich um eine Habilitationsschrift, also ein Initiationsritual für angehende Rechtslehrer, das zugleich vom Zuschnitt derer Auskunft gibt, welche die höheren Weihen erteilt haben. *Rödigs* Schrift stammt aus Köln. Weiter haben wir ein Beispiel dogmatisch-legitimierender Rechtsforschung vor uns, und keines für eine sozialwissenschaftlich problematisierende: Wenn man wie *Rödig* aus zwei Dogmatiken eine macht – hier: aus der Mengenlehre und der hergebrachten Prozeßrechtsdogmatik –, dann kommt bestenfalls eine Hyperdogmatik heraus, nicht aber eine Anleitung zum Handeln. Drittens entfremdet der ungezügelte Formalismus das Recht weiter dem Bürger unseres Rechtsstaates und läßt es zum Insichspiel einiger Experten verkommen[37]. Das hat sozial die schon bemerkbare Folge, daß der einseitig formalistisch gedrillte Jurist – Autoren wie *Rödig* werden schließlich auch Rechtslehrer, das ist ja der Witz solcher Schriften – aus dem Markt gedrängt wird und seinen Bereich zusehends Sozialarbeitern überläßt, die gerade gegensätzlich, nämlich kommunikativ geschult worden sind[38]. Viertens führt der schon von *K. Mannheim* und in gewisser Weise auch von *K. Marx* bemerkte „bürgerliche" Formalismus mit seiner Tendenz, politische in Verwaltungsfragen aufzlösen, zu einem politischen und kommunikativen Vakuum, in das zur Zeit der Marxismus stößt, der jedenfalls den Vorzug hat, die Auswirkung oder die Pragmatik seiner Lehre mitzubedenken.[39]

Was insbesondere die Prozeßrechtsforschung angeht, so wird durch den von *Rödig* befolgten Logizismus der Konstruktivismus des 19. Jahrhunderts

---

[37] Eine repräsentative Umfrage hat zu dem Ergebnis geführt: „Die Bevölkerung befürwortet in jeder Hinsicht den Abbau starrer Formen und Strukturen in der Justiz." RuP 1971, 34, 35.

[38] Vgl *Helge Peters:* Die mißlungene Professionalisierung der Sozialarbeit. In: *Otto/Utermann:* Sozialarbeit als Beruf. 2. Auflage München 1973, S 99–123. Es ist mit der mangelnden kommunikativen Schulung der Juristen zu verdanken, daß die Öffentliche Rechtsberatung, die sich in der BRD gerade im Experimentierstadium befindet, stellenweise – so in Elmshorn – bei der Sozialbehörde eingerichtet wird und nicht beim Amtsgericht. Siehe dazu: Recht haben genügt nicht. RuP 97–104; *Horst Isola:* Schwierigkeiten beim Zugang zur Rechtspflege. RuP 1974, 54–74; 50 Jahre Öffentliche Rechtsauskunft- und Vergleichsstelle Hamburg. Hamburger Dokumente 1.73; Minutes in Court, Weeks in Jail: A Study of Pretrial Detention. AN MSS Modular Publication. *Sheldon B. Olson.* University of Texas.

[39] *Karl Mannheim:* Ideologie und Utopie. 5. Auflage Frankfurt/Main 1965; *Karl Marx:* Zur Kritik der Hegelschen Rechtsphilosophie. *Marx/Engels.* Werke. Herausgeber Institut für Marxismus-Leninismus beim ZK der SED. Band 1 Berlin 1974. S 201, 378; ders: Thesen über Feuerbach. In: *Karl Marx.* Herausgeber *Franz Borkenau,* Frankfurt/Main 1956, S 41 ff; ders.: Zur Kritik der politischen Ökonomie. Erstes Heft. Dietz Verlag Berlin 1971. Vorwort.

fortgeschrieben[40]; die Parallele Rechtsinformatik – Begriffsjurisprudenz drängt sich hier auf. Hier wie dort wird die soziale Problematik abgedrängt, und man befaßt sich mit Fragen, die dem Selbstdarstellungbedürfnis eines bevorrechtigten Standes sowie dem Aufstiegsbedürfnis einzelner entsprechen. Hatte diese Richtung zu Beginn des letzten Jahrhunderts noch eine erneuernde Kraft, so kann sie heute bestenfalls nur eine technizistische Scheinrechtfertigung liefern. Denn mit ihren Hierarchien und Deduktionen paßt sie zwar in ein Gemeinwesen, das sich in Über- und Unterordnungen gliedert und in dem die Kompetenzen klar abgeteilt sind[41], nicht aber in unsere heutige Gesellschaft mit ihrer institutionellen, normativen und moralischen Vielschichtigkeit. Nur eine Verarbeitung dieser Vielschichtigkeit wird der Jurisprudenz einen Platz unter den Sozialwissenschaften sichern. Dabei stellen sich Fragen wie: Verträgt sich die Idee der Rechtskraft mit dem Erfordernis des lebenslangen Lernens? Was ist von der materiellen Wahrheit zu halten, wenn gerade die unterschiedliche Erlebnis- und Wahrnehmungsweise der Parteien zum Streit geführt hat?[42] Entspringt der von *Rödig* so bemühte Folgerungsbegriff nicht der Sprachdressur der Mittelschicht, die als „Vernunft" verinnerlicht und in Einrichtungen wie dem Gerichtsaufbau veräußerlicht worden ist?[43] Angesichts solcher durch den Stand der sozialwissenschaftlichen Forschung gestellter Fragen nimmt sich der Formalismus, gleichviel ob logizistischer oder funktionalistischer Herkunft, doch eher idyllisch aus. Mit seinen unpraktischen Grübeleien und leeren Subtilitäten

---

[40] *Gerhard J. Dahlmanns:* Der Strukturwandel des deutschen Zivilprozesses im 19. Jahrhundert. Aalen 1971, S 39, 88; *Knut Wolfgang Nörr:* Hauptthemen legislatorischer Zivilprozeßreform im 19. Jahrhundert. ZZP 87 (1974), 281 f.

[41] Das ist die rationale Herrschaft im Sinne *Webers: Max Weber:* Staatssoziologie. Berlin 1956.

[42] Die Idee der materiellen Wahrheit ist eine Frucht des platonischen Glaubens, daß hinter unseren Begriffen und Sätzen wesenhafte Bedeutungen stünden, die nach dem Dogma des erfüllten Raumes – *Ihering* sprach noch von „Rechtskörpern" – entweder sind oder nicht sind. Die Gegenposition wird am klarsten von Protagoras mit seinem Homo-Mensura-Satz bezogen, der in wohl richtiger Übersetzung (=) lautet: „Das Unterscheidungsmerkmal von Allem ist der Mensch, des Wirklichen, daß es wirklich, des Unwirklichen, daß es unwirklich ist." Die Problematik der Zeugenaussage würde durchsichtiger, wenn dieser Satz ernstgenommen werden würde. Vgl *Rudolf Bruns:* Der Realitätsgehalt von Zeugenaussagen im Zivilprozeß. Besprechung von: *Arne Frankell:* Der Realitätsgehalt von Zeugenaussagen. Göttingen 1971. In: ZZP 86 (1973), 393–397; Beweislast und Beweiswürdigung im Zivil- und Verwaltungsprozeß. Verhandlungen des 46. Deutschen Juristentages. Teil E. Berlin 1967. „Wahrheit" ist ein Imperativ, dessen Akzeptabilität einfach außer Frage gestellt wird: Christophe Grzegorczyk: Le rôle du performatif dans le langage du droit. In: Archives de philosophie du droit. Tome XIX. Paris 1974, S 238. Insofern unterscheidet sich das herrscherliche Rechtsverfahren, das auf Wahrheit ausgerichtet ist und der Logik entspringt, vom therapeutischen Beratungsgespräch, das auf Verständigung zielt und der Rhetorik entstammt: Das nicht-direktive Beratungsgespräch. Arbeitsbücher zur psychologischen Schulung. Salzburg o. J. Teil 1, S 5–55; Teil 2 S 22 f.

[43] *Basil Bernstein:* Studien zur sprachlichen Sozialisation. 2. Auflage Düsseldorf 1973; *Norbert Dittmar:* Soziolinguistik. Exemplarische und kritische Darstellung ihrer Theorie, Empirie und Anwendung. Frankfurt/Main 1973.

ist er schon vor mehr als hundert Jahren zum Gespött von Juristen und Poeten geworden[44].

4. Ausblick

Eine Prozeßrechtsforschung mit Zukunft wird sich in der von *Henke* angegebenen Richtung entwickeln müssen: Sie wird sozialphilosophische Ansätze aufnehmen und sozialwissenschaftliche Befunde verarbeiten müssen. Eine Durchmusterung der Grundnannahmen, wie sie in anderen Wissenschaften im Gange ist, wird auch in der Prozeßrechtswissenschaft unumgänglich sein. Z. B. könnte die Rechtskraft als Basis für Planentscheidungen in bestimmten Bereichen von Bedeutung sein, wohingegen es in anderen, so z. B. in sozialen Nahbeziehungen, mehr auf eine offene Kommunikation ankäme. Überhaupt scheint die Ideologie des Entscheidungszwanges mehr mit der Ingenieurstätigkeit zu tun zu haben als mit einer sozial vermittelnden, was in etwa an der Vergleichstätigkeit deutlich ist, für die der Jurist denkbar schlecht vorbereitet ist.[45]

Uns geht es darum, die zweite Aufgabe der Jurisprudenz zu betonen, die sozialtherapeutische, die bislang übergangen worden ist. Denn bisher wurde der Prozeß als eine Art Privatkrieg aufgezogen, der die Beteiligten dazu zwingt, Anträge zu stellen und bestimmte Rechtspositionen einzunehmen. Diese Dressur zum Ausgang von festen Annahmen ermöglicht zwar den Formalismus, und sie liegt auch ganz auf der Linie der Wettbewerbsgesellschaft. Doch läuft nicht alle Verständigung so ab, und wird sie in dieses Korsett gezwungen, dann kann sie zu Schäden führen, die uns in psychischer, baulicher und ökologischer Hinsicht allmählich aufdämmern. Kurz:

Nach unserer Überzeugung werden maschinelle und therapeutische Verfahren an die Stelle des heutigen Rechtsprozesses treten, und die Juristen werden sich zwischen Sozialingenieuren und Sozialtherapeuten entscheiden müssen. Im ganzen also sehen wir den Gegensatz zwischen den Eleaten und den Heraklitäern neu aufkommen, der an der Wiege unserer Tradition stand.

---

[44] *Julius von Kirchmann:* Die Wertlosigkeit der Jurisprudenz als Wissenschaft. Vortrag von 1848. Darmstadt ohne Jahr, *Friedrich Schiller:* Über die ästhetische Erziehung des Menschen. Briefe von 1795. Suttgart 1965.

[45] *Leonhard Wenzel:* Güteversuch, Vergleichsdruck und Drohung von der Richterbank. NJW 1966, 1587–1593. Wenzel lastet die Mißverständnisse gerade bei Vergleichsvorschlägen des Gerichts dem herrschenden – auch von *Rödig* vertretenen – Prozeßverständnis an.

Rechtsprechung

Gericht: BVerfG
Datum: 1975-06-10
Az: 2 BvR 1018/74
Typ: Beschluß

GG Art 20 Abs 3, Art 103 Abs 1; BVerfGG § 31; StPO § 44 S 2

Bindungswirkung von Entscheidungen des BVerfG – Informationspflicht über Inhalt der Rechtsprechung:

1. Die Auslegung und Anwendung einfacher Gesetze ist Sache der sachnäheren Fachgebiete. Dagegen hat das BVerfG die aus dem Verfassungsrecht sich ergebenden Maßstäbe oder Grenzen für die Auslegung eines einfachen Gesetzes verbindlich zu bestimmen.

2. Spricht das BVerfG im Rahmen einer „verfassungskonformen Auslegung" einer Norm des einfachen Rechts aus, daß gewisse an sich mögliche Interpretationen dieser Norm mit dem GG nicht vereinbar sind, so kann kein anderes Gericht diese Interpretationsmöglichkeiten für verfassungsgemäß halten.

3. Nichts anderes gilt, wenn auf Verfassungsbeschwerden gegen gerichtliche Entscheidungen hin festgestellt worden ist, daß gewisse, sonst vertretbare und mögliche Interpretationen des einfachen Rechts zu einer Grundrechtsverletzung führen.

4. Ein Gericht handelt verfassungswidrig, wenn es von dem Inhalt von in der Rechtsprechung des BVerfG entwickelten Grundsätzen abweicht.

Aus den Gründen:

B. Die Verfassungsbeschwerde ist begründet.

I. Die angegriffenen Entscheidungen verstoßen gegen GG Art 103 Abs 1.

1. Der in einem Strafverfahren beschuldigte Bürger ist nicht gehalten, vor den Ermittlungsbehörden zur Sache auszusagen (StPO §§ 163 a Abs 3 und 4, § 136 Abs 1). Er hat in jedem Fall das Recht, sich vor dem für ihn zuständigen, erkennenden Richter zu verteidigen. Das gehört nach GG Art 103 Abs 1 im Strafverfahren zum Inhalt des Anspruchs auf rechtliches Gehör vor Gericht.

2. In Anwendung dieses Grundsatzes hat das BVerfG entschieden, daß derjenige Bürger, der eine ständige Wohnung hat und diese nur vorübergehend während eines Urlaubs nicht benutzt für die Zeit seiner Abwesenheit keine besonderen Vorkehrungen hinsichtlich möglicher Zustellungen treffen muß. Er kann vielmehr darauf vertrauen, daß er Wiedereinsetzung in den vorigen Stand erhält, falls ihm während seiner Abwesenheit ein Strafbefehl (oder Bußgeldbescheid) durch Niederlegung bei der Post zugestellt wird und er in Unkenntnis dieser Ersatzzustellung die Einspruchsfrist versäumt hat. Das gilt auch dann, wenn er weiß, daß gegen ihn ein Ermittlungsverfahren anhängig ist (BVerfGE 25, 158, 166 = NJW 1969, 1103; BVerfGE 26, 315, 319 = NJW 1969, 1513; BVerfGE 34, 154, 156f = NJW 1973, 187).

3. Soweit das LG unter Bezugnahme auf eine Entscheidung des KG vom 1974-01-02 (NJW 1974, 657f) gemeint hat, von den in der Rechtsprechung des BVerfG entwickelten Grundsätzen zur Wiedereinsetzung in Fällen des ersten Zugangs zum Gericht abweichen zu können, verkennt es in verfassungswidriger Weise die Tragweite und Bindungswirkung dieser Rechtsprechung.

BVerfGG § 31 bindet alle Gerichte im Geltungsbereich des Gesetzes generell an die Entscheidungen des BVerfG. Soweit das BVerfG eine Gesetzesbestimmung für nichtig oder für gültig erklärt, hat seine Entscheidung nach BVerfGG § 31 Abs 2 Gesetzeskraft. Aber auch in anderen Fällen entfalten die Entscheidungen des BVerfG gemäß BVerfGG

§ 31 Abs 1 eine über den Einzelfall hinausgehende Bindungswirkung insofern, als die sich aus dem Tenor und den tragenden Gründen der Entscheidung ergebenden Grundsätze für die Auslegung der Verfassung von den Gerichten in allen künftigen Fällen beachtet werden müssen (BVerfGE 19, 377, 391f = NJW 1966, 723; BVerfGE 20, 56, 87 = NJW 1966, 1499; BVerfGE 24, 289, 297 = NJW 1969, 267).

BVerfGG § 31 erkennt den verfassungsgerichtlichen Entscheidungen Bindungswirkung insoweit zu, wie die Funktion der BVerfG als maßgeblicher Interpret und Hüter der Verfassung dies erfordert. Die Bindungswirkung beschränkt sich deshalb auf die Teile der Entscheidungsgründe, welche die Auslegung und Anwendung des GG betreffen. Sie erstreckt sich nicht auf Ausführungen, die nur die Auslegung einfacher Gesetze zum Gegenstand haben. Die Auslegung und Anwendung einfacher Gesetze ist Sache der sachnäheren Fachgerichte. Dagegen hat das BVerfG die aus dem Verfassungsrecht sich ergebenden Maßstäbe oder Grenzen für die Auslegung eines einfachen Gesetzes verbindlich zu bestimmen. Spricht das BVerfG im Rahmen einer „verfassungskonformen Auslegung" einer Norm des einfachen Rechts aus, daß gewisse an sich mögliche Interpretationen dieser Norm mit dem Grundgesetz nicht vereinbar sind, so kann kein anderes Gericht diese Interpretationsmöglichkeiten für verfassungsgemäß halten. Alle Gerichte sind vielmehr nach BVerfGG § 31 Abs 1 an das vom BVerfG als verbindlicher Instanz in Verfassungsfragen ausgesprochene Verdikt der Verfassungswidrigkeit gebunden. Denn ob vom BVerfG eine Norm insgesamt für nichtig erklärt oder ob lediglich die durch eine bestimmte Auslegung konkretisierte „Normvariante" als verfassungswidrig qualifiziert wird, kann, was die Bindung der übrigen Gerichte angeht, unter dem Blickpunkt des Gesetzeszweckes des BVerfGG § 31 keinen Unterschied machen. Nichts anderes gilt, wenn – wie hier – auf Verfassungsbeschwerden gegen gerichtliche Entscheidungen hin festgestellt worden ist, daß gewisse, sonst vertretbare und mögliche Interpretationen des einfachen Rechts zu einer Grundrechtsverletzung führen. In dem einen wie dem anderen Fall sind alle Gerichte durch BVerfGG § 31 gehindert, die verfassungswidrige Normauslegung weiterhin einer Entscheidung zugrunde zu legen. Tun sie es dennoch, so verstoßen sie gegen die in GG Art 20 Abs 3 statuierte Bindung der Rechtsprechung an Gesetz und Recht.

Hinweise

Gerichte künftig ohne Warteschlangen?

GMD untersucht Verfahrensablauf und Organisation im Justizbereich

Verfahrensablauf und Arbeitsorganisation an Gerichten sind in der heutigen Situation selten optimal. Insbesondere ist es schwierig, die zur Verfügung stehenden Kapazitäten, Richter, Rechtspfleger, Geschäftsstellenbeamte, Protokollführer, aber auch die Sitzungssäle, so einzusetzen, daß keine „Reibungsverluste" entstehen. In der GMD werden augenblicklich Überlegungen angestellt, auf welche Weise hier Abhilfe geschaffen werden kann und welche Maßnahmen zu einer Effektivitätssteigerung im Rechtswesen geeignet sind. Im Rahmen des Pilotprojektes SIMAG (Simulation am Amtsgericht) werden am Amtsgericht Siegburg tatsächliche Prozeßverläufe erfaßt, um in einem dynamischen Simulationsmodell Aussagen darüber machen zu können, wie ein optimaler Verfahrensablauf und damit zusammenhängend eine optimale Arbeitsorganisation an Amtsgerichten aussehen muß.

Die GMD-Projektgruppe aus dem Institut für Datenverarbeitung im Rechtswesen untersucht die Zivilrechtspflege am Amtsgericht Siegburg, beschränkt auf bürgerliche Rechtsstreitigkeiten bis zum Urteil. Das Amtsgericht Siegburg wurde gewählt, da über die Organisation und den Geschäftsanfall dieses Gerichts aus dem ebenfalls im GMD-Institut für Datenverarbeitung im Rechtswesen bearbeiteten Projekt Wirtschaftlichkeit der Automatisierung des Gerichtskosten- und -kassenwesens bereits nutzbare Daten vorliegen und infolge räumlicher Nähe die Erhebung weiterer benötigter Daten wenig aufwendig ist. Die Projektgruppe geht davon aus, daß bei der „Abarbeitung" gerichtlicher Verfahren überflüssige Wartezeiten auftreten, die auch im Rahmen der bestehenden gesetzlichen Verfahrensvorschriften durch geeignete Maßnahmen minimiert werden können. Man vermutet, daß zumindest nicht alle verfügbaren Kapazitäten voll beziehungsweise gleichmäßig ausgelastet sind. Solche Umstände sollen offengelegt werden.

Zur Strukturanalyse der bürgerlichen Rechtsstreitigkeiten wird zunächst ein allgemeines Verfahrensmodell auf Grundlage der gesetzlichen Vorschriften (Zivilprozeßordnung, Gerichtsverfassungsgesetz) entwickelt. Unter Verwendung von Symbolen der Netzplantechnik wird eine grafische Beschreibung des Modells durchgeführt.

Durch Analyse von abgeschlossenen Verfahren (Aktenauswertung) wird versucht, für verschiedene Klassen von Verfahren den tatsächlichen Verfahrensablauf am Amtsgericht Siegburg festzustellen. Die Bildung von Verfahrensklassen wird nach Verfahrensart, Verfahrensgegenstand und Streitwert erfolgen.

Parallel hierzu wird im Rahmen einer Institutionsanalyse versucht, ein Organisationsmodell für das Amtsgericht Siegburg zu erarbeiten. Hierzu werden Unterlagen über die Organisation des Gerichts ausgewertet (Geschäftsverteilungsplan) sowie durch Gruppen- und Einzelinterviews, Arbeitsplatzuntersuchungen durch Projektmitarbeiter durchgeführt.

Über die aktuellen Daten hinaus sind Erkenntnisse darüber zu erwarten, welche Erhebungsverfahren für das anschließende Folgeprojekt, das sich nicht nur auf Amtsgerichte und auf bürgerliche Rechtsstreitigkeiten beschränkt, vorteilhaft sind, insbesondere welche Fehlerursachen häufig auftreten. Daneben ist es für eine realistische Planung des Anschlußprojekts unerläßlich, eigene Angaben über Zeit- und Kostenaufwand solcher Erhebungen zu gewinnen. Insoweit hat das Projekt Pilotcharakter.

Bei der im wesentlichen auf den Geschäftsanfall eines Jahres beschränkten Aktenauswertung (ca 4000 Akten) wird versucht, Ursachen für Verfahrensverzögerungen aufzudekken. Hauptsächliches Ziel der Datenerhebung ist es aber, Eingabedaten für ein aus dem allgemeinen Verfahrensmodell und dem spezifischen Organisationsmodell abzuleitendes Simulationsmodell zu gewinnen. Mit Hilfe dieses Simulationsmodells, das in General Purpose Systems Simulation (GPSS) auf der Datenverarbeitungsanlage IBM/370 realisiert wird, soll zunächst untersucht werden, ob der Modellansatz bei genügendem Detailliertheitsgrad geeignet ist, das in der Realität auftretende Problem zu beschreiben. Es wird daneben auch Aussagen über die Zuverlässigkeit der Daten erlauben. Auch insoweit hat das Projekt Pilotcharakter, da derartige Erkenntnisse unerläßlich sind, um im Anschlußprojekt Simulationsmodelle zu konzipieren, die auch für die Praxis nutzbare Ergebnisse erwarten lassen.

Nach dieser Erprobung und wahrscheinlich erforderlichen Modifikation des Modells wird versucht, mit Hilfe dieses Modells Aussagen darüber zu erlangen, welche Konsequenzen für den Durchsatz der Verfahren sich aus Veränderungen im Verfahrens- und Organisationsmodell ergeben. Es wird dabei nach einem Verfahrensablauf und einer Organisation gesucht, bei der mit den geringsten Kapazitäten ein möglichst hoher Durchsatz erzielt werden kann.

Das Ergebnis des Pilotprojekts soll Entscheidungsgrundlage dafür sein, ob und unter welchen Bedingungen Anwendern die Untersuchung gerichtlicher Verfahren mit Hilfe derartiger Simulationsverfahren angedient werden soll. Vorgespräche mit möglichen Abnehmern, etwa dem Bundesministerium der Justiz, wurden bereits aufgenommen. Hierbei, ebenso wie bei der informellen Befragung anderer Juristen, wurde dem Vorhaben große Beachtung geschenkt.

Neben dem Amtsgericht Siegburg sind derzeit das Bundesministerium der Justiz und das Justizministerium des Landes Nordrhein-Westfalen an den Forschungsarbeiten beteiligt.

Die nach einem von der Projektgruppe erstellten Fragebogen durchzuführende Aktenauswertung hat Anfang Juli begonnen. Die Institutionsanalyse wurde bereits aufgenommen. Die Konzeptionsphase für eine erste Version des Simulationsmodells ist abgeschlossen, die Implementierung hat begonnen. Erste Ergebnisse werden für Anfang September erwartet. Das Forschungsvorhaben wurde auf einem vom Institut für Datenverarbeitung im Rechtswesen am 15. und 16. Juli 1975 in der GMD veranstalteten Workshop der interessierten Fachöffentlichkeit vorgestellt.

Arbeitskreis Verwaltungsinformatik

Zur Diskussion und Strukturierung des möglichen Lehr- und Forschungsfeldes einer Verwaltungsinformatik hat sich ein interdisziplinärer Arbeitskreis konstituiert. Die erste Klausur-Tagung fand vom 21.–23. Februar 1976 statt. Tagungsort war die Forschungsstelle für Juristische Informatik und Automation der Universität Bonn. Die Aktivitäten des Arbeitskreises werden durch die VW-Stiftung unterstützt. An der Arbeitssitzung nahmen jüngere Wissenschaftler – der Fachrichtungen Betriebswirtschaft, Recht und Verwaltungswissenschaft – verschiedener deutscher Hochschulen teil. Als erstes Arbeitsergebnis will die Gruppe einen Reader vorlegen, um einen Überblick über die von verschiedenen Disziplinen erarbeiteten Beiträge mit Relevanz für die Verwaltungsinformatik zu geben.

Literatur

Colin Tapper, Computers and the Law

Weidenfeld & Nicolson, London 1973. 314 Seiten. 5.25 Pfund.

Colin Tapper, englischer Rechtsanwalt und Rechtslehrer am Magdalen College in Oxford, befaßt sich seit 1961 mit dem Thema Rechtsinformatik, insbesondere mit der elektronischen Rechtsdokumentation. Zwischen 1965 und 1969 leitete er in Oxford ein Experiment, das sich mit der Speicherung von englischem Fallrecht befaßte. Seit 1969 ist er Berater für Fagen der Rechtsinformatik beim Europarat.

„Computers and the Law" – so der Titel seines Ende 1973 veröffentlichten Buches – ist in Großbritannien zu einem feststehenden Begriff mit doppelter Bedeutung geworden.

Einmal wird darunter das verstanden, was hier mit Rechtsinformatik bezeichnet wird, zum anderen ist dem die allgemeinere und der Übersetzung besser entsprechende Bedeutung „EDV und Recht" zuzuordnen.

Das Buch hat sich in seinem Titel wohl die letztere allgemeinere Bedeutung zu eigen gemacht. Das Werk ist gedacht als Einführung für den interessierten englischen Juristen und den informierten Laien in die vielfältige Problematik der Computeranwendung im juristischen Bereich.

Einem kurzen Kapitel, das der Einführung in die Computertechnik gewidmet ist, schließt sich die Betrachtung prozessualer Fragen des Beweisrechts an, die aus der Speicherung beweiserheblicher Dokumente im Computer ergeben. Diese Überlegungen werden verständlicherweise ausschließlich aus englischer Sicht vorgenommen und setzen daher einen gewissen Einblick in das englische Prozeßrecht voraus.

Zum Verständnis des folgenden Kapitels bedarf es einer solchen Spezialkenntnis nicht. Die Einführung in die Probleme des Datenschutzes und der Datensicherung erfolgt kursorisch und wird der kontinentalen Diskussion, insbesondere über Datenschutz, nicht in allen Punkten gerecht. Dies zeigt sich besonders bei der Besprechung der möglichen Präventivmaßnahmen, wo lediglich eine Differenzierung des über Personen gespeicherten Materials vorgeschlagen wird, um verschiedene Grade der Zugänglichkeit zu schaffen und so die Gefahr unbefugten wie auch zufälligen Zugriffs auf solche Daten auszuschalten. (S 43)

Originell in diesem Zusammenhang ist der Vorschlag, eine Lösung durch Entwicklung einer Standesethik der bei einer Datenbank Beschäftigten zu finden. (S 58) Dieser Vorschlag, entstanden wohl angesichts der hohen Moralbegriffe des englischen Juristenstandes, dürfte in Großbritannien nur schwer, in anderen Ländern kaum zu verwirklichen sein.

Im übrigen ist eine sarke Anlehnung an den Younger Report[1] zu beobachten.

Ein Kapitel, das im wesentlichen eine Abhandlung über die Möglichkeiten der Gesetzesdokumentation beinhaltet, wird beherrscht von der Beschreibung der inhaltlichen und stilistischen Unterschiede von Gesetzestexten und veröffentlichten Rechtsfällen, aus denen sich das sogenannte Fallrecht ergibt. (S 70 ff) Die Gesetzestexte werden als klar und prägnant bezeichnet, die hier auftretenden Probleme von Synonymen und Homonymen als gering, ebenso die der grammatikalischen Variation. Begrüßt wird die Armut an Adjektiven, an Eigennamen, Zitierungen und Fußnoten im Gegensatz zur Rechtsprechung, die

---

1 Report of Younger Committee on Privacy, Cmnd. 5012 (1972) Presentet to the Parliament by the Secretary of State for Scotland by Command of Her Majesty, July 1972, London, H. M. S. O. Es handelt sich um einen Bericht über die Notwendigkeit eines rechtlichen Schutzes der Privatsphäre gegenüber moderner gesellschaftlicher und technischer Entwicklung, der von der oben genannten Kommission unter Vorsitz von Sirk Younger erarbeitet wurde.

daneben auch häufig lange deskriptive Passagen enthält. (S 84) Der Grund für diesen Stil der Gesetzestexte wird überzeugend in der Funktion der Gesetze selbst gesehen, die darin besteht, autorisierte Regeln für die Zukunft aufzustellen.

Hieraus wird gefolgert, daß sich gerade Gesetzestexte besonders für die automatische Dokumentation anbieten.

An dieser Stelle werden auch eingehend die Arbeiten von *Allen*[2] über die Strukturanalyse von Gesetzen diskutiert und positiv beurteilt. (S 95 ff)

Tapper selbst hat sich jedoch, beeindruckt durch die erheblichen Probleme der Handhabung des Fallrechts, die sich weitgehend aus dem schnellen Anwachsen der in einem Prozeß zu berücksichtigenden relevanten Entscheidungen ergeben, mit der Dokumentation von case law befaßt.

Im 6. Kapitel seines Buches beschreibt er sein Experiment in allen Einzelheiten. (S 159 ff) Es handelt sich um die bisher einzige in dieser Form veröffentlichte Beschreibung des „Oxford Experiments“[3].

Das Experiment wurde zwischen 1965 und 1969 an der Universität von Oxford durchgeführt, mit dem Ziel einer vergleichsweisen Bewertung der Leistungsfähigkeit von elektronischer Dokumentation mittels verschiedener Volltextmethoden und konventioneller Dokumentation von Fallrecht. Besondere Berücksichtigung fand der Gedanke, inwieweit diese Leistungsfähigkeit von einem bestimmten Typus des case law beeinflußt wird insofern, als Entscheidungen aus einem bestimmten sehr homogenen Rechtsgebiet, dem Versicherungsrecht, gespeichert wurden, sowie Entscheidungen, die in einem bestimmten Zeitraum im All England Report veröffentlicht worden waren und damit die ganze Breite des englischen Recht enthielten.

Insgesamt macht *Tapper* hier ausführliche Aussagen zu den Hintergründen, Überlegungen und schließlich zu den verwendeten Methoden bei der Gestaltung des Experiments und schließt eine realistische Kommentierung der Ergebnisse an. (S 176)

So wird aus dem recht ungünstigen Ergebnis des Vergleichs der Relevanzquoten von manueller und computergestützter Suche geschlossen, daß die maschinellen Suchtechniken nicht genügend verfeinert gewesen seien. Mit Optimismus wird das durchweg bessere Abschneiden der maschinellen Suche hinsichtlich der Nachweisquote begrüßt.

Damit entsteht ein erfreulich umfassender Überblick über diese ersten Schritte auf dem Weg zur Fallrechtsdokumentation.

Mit dem folgenden Kapitel schließt sich ein ausführlicher Überblick über andere Systeme an, die sich mit der Dokumentation juristischer Texte befassen. (S 183 ff)

Die Einteilung der Systeme erfolgt nach deren Trägern, und zwar danach, ob diese öffentlich-rechtlich oder privatrechtlich organisiert sind. Es wird jeweils eine kurze Beschreibung und eine Bewertung der einzelnen Systeme vorgenommen. Die Liste der besprochenen Systeme ist recht umfangreich und befaßt sich wohl mit einigen der wichtigsten derzeitigen Aktivitäten (zB CREDOC, CEDIJ, System des Suprema Corte di Cassazione, OBAR, JURIS/USA), sie läßt jedoch bedauerlicherweise die gesamten Projekte aus dem deutschsprachigen Raum vermissen.

Im Vordergrund des nächsten Abschnitts, der sich mit den möglichen Hilfsfunktionen, die ein Computer bei der Durchführung von Prozessen – sowohl in der Anwaltspraxis wie auch bei der Aufbereitung der Prozeßakte selbst – geben kann, steht die Frage, welche der erforderlichen Vorgänge einer für die EDV notwendigen Formalisierung zugänglich sind. (S 206) Hinsichtlich der Formalisierung von Vorgängen in der Anwaltspraxis wird sowohl die Geeignetheit des Gesprächs zwischen Anwalt und Mandant als auch die Möglichkeit der automatischen Erstellung juristischer Dokumente (Verträge, Testamente etc) geprüft. (S 207 ff)

---

[2] Allen, A Language Normalization Approach of Information Retrieval in Law, 9 Jurimetrics Jour. 42 (1968);

[3] Erhältlich auf Mikrofilm durch National Landing Library Boston, Spa, Yorkshire: OSTI Research Report 5062 (1969), Tapper, Feasibility Study on Retrieving Legal Information from Two Types of Natural Language Text;

Wie diese Formalisierung im einzelnen aussehen soll, bleibt offen, jedoch wird hierzu vor allem auf die Versuche an der Universität von Wisconsin[4] verwiesen, wo ein Verfahren entwickelt wurde, bei dem der Rechtsuchende unmittelbar durch die Maschine befragt und der Fall auf diese Weise aufgenommen und analysiert wird. *Tapper* betont, daß diese Arbeiten nach wie vor im Experimentierstadium stehen und Erfahrungen aus der Praxis noch nicht existieren.

Zur automatischen Aufbereitung der Prozeßakte wird der Vorschlag gemacht, Lochkarten herzustellen, auf denen pro Karte ein Aspekt beziehungsweise Problem des Falles sowie die Fundstelle des Ursprungsdokumentes innerhalb der Akte zu finden ist. (S 212) Dadurch soll die Prozeßakte einfacher gehandhabt werden können.

Dies dürfte bei normalem Prozeßverlauf nicht rentabel sein, da der Zeitaufwand für die Erstellung der Lochkarten sicherlich größer wäre als der für die taditionelle Bearbeitung der Akte. Es sind jedoch durchaus Prozesse denkbar, bei denen die Akte einen Umfang erreicht, der die Erstellung der Lochkarten rentabel machen würde. Das Hauptproblem bei diesen Überlegungen wäre es, festzustellen, wo die Grenzen der Wirtschaftlichkeit einer maschinellen Aufarbeitung der Prozeßakte liegen, und hierzu gibt das Buch keine Hilfe.

Die Probleme der Anwendung von EDV im juristischen Entscheidungsprozeß klingen in einem weiteren Kapitel an. (S 233 ff) Diese Betrachtung erfolgt praxisbezogen insoweit, als lediglich die Vorhersehbarkeit einer gerichtlichen Entscheidung durch den Rechtsanwalt diskutiert wird.

Unter Außerbetrachtlassung der sich aus den allgemeinen Rechtsregeln ergebenden Vor hersehbarkeit einer Entscheidung wird hier vor allem abgestellt auf die Position, die die Richter in der Vergangenheit bei der Entscheidung ähnlicher Fälle eingenommen haben und die statistisch ermittelt werden soll. Verwiesen wird dabei vor allem auf amerikanische Studien[5]. Obwohl diese Studien gerade im Rechtssystem der USA besonders bedeutungsvoll sind, wo ein hoher Grad der Politisierung der Gerichte zu verzeichnen ist, die sich dann in deren Entscheidungen niederschlägt, bietet dieses Kapitel doch auch interessante Hinweise für den deutschen Praktiker. Es darf jedoch nicht als Abhandlung zu den Problemen der Entscheidungsfindung selbst betrachtet werden.

Ein sehr interessanter Überblick über die derzeit erkennbaren Probleme der Computeranwendung im Bereich des internationalen Rechts wird dem nächsten Kapitel vorbehalten. (S 252 ff) Ausgehend von Problemen wie Notwendigkeit und Schwerfälligkeit der internationalen Kooperation, die sich bei der Auswahl der Computerfirmen besonders bemerkbar machen wird, und der Unzulänglichkeit vieler Materialien, wird das Sprachproblem in den Vordergrund gestellt.

Als Angelpunkt wird her auch von *Tapper* der überall im Recht zu findende Konzeptualismus genannt. Da die Substruktur der Begriffsbildung in den einzelnen Ländern und Sprachen nicht identisch ist, ergibt sich für mehrsprachige Dokumentationssysteme das Problem, diese Begriffe soweit kompatibel zu machen, daß die Möglichkeit der Kommunikation entsteht. Diesen ausführlich dargestellten Überlegungen schließt sich ein Überblick über Systeme an, die bereits im Bereich des internationalen Rechts arbeiten. (S 269 ff)

In seinem letzten Kapitel weist das Buch auf die Möglichkeiten der elektronischen Dokumentation im Grundbuchwesen hin. (S 289 ff) Die Problemstellung bleibt dem deutschen Leser jedoch weitgehend fremd, da sich das Grundbuchsystem in England von dem deutschen erheblich unterscheidet.

Insgesamt enthält das Buch eine bemerkenswert umfassende Darstellung der vielfältigen

---

4 Chatterton und McCoy leiteten dieses Experiment an der Universität von Wisconsin mit Unterstützug der Legal Services Division of the Office for Economic Opportunity;
Lawlor, Fact Content Analysis of Judicial Opinion, Jur. Jour. 1968, 107; – Personel Stare Decisis, 41 S. California Law Review 73 (1968); – Axioms of Fact Polarisation and Fact Ranking – Their Role in Stare Decisis, 14 Vill. Law Revew 703 (1969);
Kort, Content Analysis of Judicial Opinions and Rules of Law, in Schubert (Herausgeber) Judicial Decision Making, 1963; – Simultaneous Equations and Boolean Algebra in the Analysis of Judicial Decisions, 28 Law a. Contemporary Problems 143 (1963).

Einflußmöglichkeiten von EDV auf das Recht, der sich hieraus ergebenden Probleme sowie deren Lösungsversuche. Damit wird es in vollem Umfang dem Anspruch, der an ein Einführungswerk für Juristen im anglo-amerikanischen Rechtskreis zu stellen ist, gerecht.

Darüber hinaus bietet es für jeden, der sich mit den Fragen von EDV im Recht auseinandersetzen will, wertvolle Anregungen und Informationen, die ihm internationales Interesse sichern werden.

Petra Wuttke-Götz

Hans-Jürgen Bruns, Strafzumessungsrecht. Gesamtdarstellung.

Carl Heymanns Verlag KG, Köln, 2. Auflage 1974. 752 Seiten, Leinen DM 186,—

Auf Seite 3 wird die Bedeutung der Strafzumessung beschrieben: „Für den Angeklagten stellt die Strafe je nach Art und Höhe einen folgenschweren Eingriff in seine Freiheitsrechte dar, der — auch jenseits von Todesstrafe oder lebenslänglicher Haft — über die Existenz des Verurteilten und seiner Familie entscheidet oder seine berufliche Laufbahn erheblich beeinträchtigt. Dabei geht es nicht nur um die Belastung durch die Strafe als solche, sondern auch um deren sonstige Auswirkungen, die meist von ihrer Höhe abhängen."

Das große Verdienst dieser umfangreichen Untersuchung liegt in der systematisierenden Auswertung des eigentlich unübersehbaren Materials. Das neue Material nach dem Strafrechtsreformgesetz von 1969 ist beeindruckend ausgewertet (vgl besonders den 3. Hauptteil, 5. Kapitel S 309 ff, und den 4. Hauptteil S 357 ff), und zwar auch insoweit, als die Urteile noch nicht veröffentlicht sind.

Die zweite Auflage, halb Lehrbuch, halb Nachschlagewerk, will weiterhin der Praxis dienen und ist stark an der Rechtsprechung des BGH ausgerichtet. Dem Einsatz in der Praxis ist allein der Umfang der Darlegung hinderlich, da die Praxis häufig nicht genügend Zeit haben dürfte, sich mit diesen Darstellungen intensiv auseinanderzusetzen. Der Verfasser bemüht sich vor allem darum, die vorhandenen theoretischen Ansätze in den Kommentaren und Entscheidungssammlungen rechtstheoretisch und systematisch zu vertiefen und auszubauen. Der gelegentlich geäußerte Verdacht, durch die kritische Übernahme der Rechtsprechung des BGH, der sich inzwischen zu einer Neuorientierung, nämlich einer Schwerpunktverlagerung auf dem Gesichtspunkt der Sozialisation bekannt hat, werde allzu sehr einer repressiven Strafzumessung Vorschub geleistet und damit das Streben nach Prävention beeinträchtigt, hat auf den Wert des Werkes keinen Einfluß.

Aus der Blickrichtung dieser Zeitschrift soll auf zwei Gesichtspunkte aufmerksam gemacht werden, die künftig verstärkt in die Diskussion einbezogen werden sollten.

Ursächlich für den „schlimmsten Mangel der Ungleichmäßigkeit des Strafens, die zwischen weiten Extremen schwankt und bisher nicht annähernd beseitigt werden konnte" (Seite 12), dürfte auch die weithin nicht ausreichende Information über die Praxis der Strafzumessung sein. Der einzelne Richter, ja häufig auch der einzelne Spruchkörper eines Gerichtes behält eine in sich geschlossene Linie der Strafzumessung bei. Er erhält aber keine Information darüber, wie es der Richter im nächsten Ort, wie es die Richter im rechnerischen Durchschnitt in der Bundesrepublik handhaben. Dies aber erst würde — auch im Verhältnis der Strafzumessung zu anderen „Verbrechensgruppen" — ein bewußtes Abweichen ermöglichen. Daher sollte auch im Hinblick auf die Entscheidungsfreiheit des Richters künftig mehr über die Lösung dieses Informationsproblems nachgedacht werden und weniger über einen dogmatisierenden Ausbau der Art der Darstellung der Strafzumessungsgründe in rechtsmittelfähiger Form.

Außerdem scheinen mir die Möglichkeiten, die bei Einsatz der EDV genutzt werden könnten, mit einem Absatz (Seite 64/65) im Buch nur angedeutet, — zu Unrecht — aus der Diskussion ausgeklammert zu sein. Gerade dieser Bereich bietet sich für eine gründliche Prüfung der Einsatzmöglichkeiten moderner Techniken zur Rationalisierung der Justiz geradezu an.

Die angemerkten Wünsche sollten den Wert des Buches noch unterstreichen. Es ist eine nahezu immer einsetzbare Quelle zur Begründung von Rechtsmitteln im Zusammenhang mit der Strafzumessung. Es ist aber zugleich auch eine umfangreiche Zusammenstellung der Fakten, der Probleme und der Fragestellungen aus dem Bereich der Strafzumessung, die die Rechtsinformatiker reizen sollte, die Auswertung dieser Arbeiten für einen EDV-Einsatz zumindest theoretisch vorzubereiten und im praktischen Versuch als durchführbar nachzuweisen. Sigmar Uhlig

Jürgen Welp, Die strafprozessuale Überwachung des Post- und Fernmeldeverkehrs

(Heidelberger rechtswissenschaftliche Abhandlungen. Neue Folge, Band 29). Verlag Carl Winter, Heidelberg 1974. 249 S. Brosch. DM 72,–, geb. DM 86,–

Das Buch, gedruckt mit Unterstützung der Deutschen Forschungsgemeinschaft, ist der 1974 überarbeitete schriftliche Teil der Habilitations-Leistung des Verfassers vom Sommersemester 1971. Dieses Buch hat zunächst mit den Problemen der Datenverarbeitung im Recht nichts zu tun. Der Bezug ist aber schnell hergestellt. Die rechtlichen Probleme, die hier am Beispiel des Post- und Fernmeldeverkehrs behandelt werden, können ähnlich auch im Bereich der Datenverarbeitung auftreten, insbesondere bei Einrichtung und Betrieb von einem Rechnerverbund, von Service-Rechenzentren, aber auch bei größeren Einzelanwendungen. Natürlich müssen dabei die Sonderprobleme, die sich aus der umfassenden Aufgabe der Bundespost und durch die jeweiligen Spezialregelungen ergeben, beachtet werden.

Verdienstvoll ist der Ansatz des Verfassers vom Geheimnisschutz und damit von einzelnen Bürgern auszugeben.

Von besonderem Interesse in Zusammenhang mit der Datenverarbeitung dürfte Kapitel 9 zur Verwertbarkeit von Beweismitteln, insbesondere reproduzierbare Beweismittel sein.

Im einzelnen werden in der lesenswerten Studie behandelt: das Problem des Geheimnisschutzes, die strafprozessuale Durchbrechung des Geheimnisschutzes mit dem Problem der Individualisierung, die prozessuale Sicherung des Geheimnisschutzes, die Auskunftspflicht der Post, die strafprozessualen Funktionen der Post, die Funktionsverbindungen, die Überwachungsverbote und schließlich die Verwertbarkeit der so gefundenen gesuchten und der bei dem Betrieb der Post zufällig aufgefundenen Beweise. Sigmar Uhlig

Leo Reisinger, Die automatisierte Messung juristischer Begriffe

Arbeitspapiere Rechtsinformatik, Heft 9. J. Schweitzer Verlag, Berlin, 1973. 145 S. DM 58,–

Reisinger versteht diese Studie als Fortsetzung seiner Arbeit „Automatisierte Normanalyse und Normanwendung" (in derselben Reihe, Heft 7, 1972), in der die Notwendigkeit deutlich geworden war, dem Problem der Einzelbegriffsubsumtion eingehendere Analysen zu widmen. Dieses Problem verdeutlicht er nun in der folgenden Weise:

Nach traditioneller Anschauung ist eine Rechtsnorm N aus den Komponenten Tatbestand X und Rechtsfolge Y aufgebaut:

$$N\ (X/Y)$$

Aufgeschlüsselt, kann nun die Tatbestandskomponente X durch ihre Tatbestandselemente $X_1, X_2, \ldots, X_n$ dargestellt werden, so daß die Rechtsnorm in ihrer „Normalform" (vgl S 14), d. i. bei Konjunktion der Tatbestandselemente, die Form aufweist:

$$N\ (X_1 \wedge X_2 \wedge \ldots \wedge X_m/Y)$$

Reisinger stellt nun fest, daß die einzelnen Tatbestandselemente sprachlich durch Prädikatoren repräsentiert sind, und jedem Prädikator entspricht in der semantischen Dimension je ein juristischer Begriff B. Somit läßt sich die Tatbestandskomponente der Rechtsnorm als aus Elementaraussagen der Form $x \in B$ aufgebaut ansehen. Für die Rechtsnorm ergibt sich somit die Form:

$$N\ ((x \in B_1) \wedge (x \in B_2) \wedge \ldots \wedge (x \in B_m)/Y)$$

Das Problem der Einzelbegriffssubsumtion liegt nunmehr darin, daß gewöhnlich nicht unmittelbar zweifelsfrei entscheidbar ist, ob für ein konkretes Element (Individuum respektive Sachverhalt) x_o gilt, daß es jeweils in Betracht gezogene Tatbestandskomponenten erfüllt (welcher Wahrheitswert einzelnen Elementaraussagen $x_o \in B_i$ zukommt), weil juristische Begriffe – nicht anders als Begriffe natürlicher Sprachen im allgemeinen – zumest mehr oder minder vage sind.

Um die Frage prüfen zu können, welche Möglichkeiten der Formalisierung und Operationalisierung juristischer Begriffe ins Auge gefaßt werden können gibt *Reisinger* sodann in recht kompetenter Weise einen Überblick über a) die in der analytischen Wissenschaftstheorie mittlerweile klassisch gewordene Theorie der Begriffsbildung (Abschnitt 2) und b) die in der juristischen Methodologie häufig erörterte Lehre vom Typus (Abschnitt 3).

Als Ergebnis dieser Erörterungen kann festgestellt werden, daß sich beide Ansätze dadurch verbinden lassen, „... daß jeder Begriff als relationales System aufgefaßt wird. In dem speziellen Fall des Vorliegens einer einzigen binären Relation läßt sich daher jeder Begriff als Graph darstellen. Geht man von dieser Konzeption aus, können die klassischen Begriffsformen des klassifikatorischen, komparativen und metrischen Begriffs ebenso wie Ähnlichkeitstypus und Ordnungstypus als spezielle Graphen definiert werden." (S 123)

Damit ist das Stichwort für eine der wesentlichen Voraussetzungen des *Reisinger*schen Lösungsversuches gefallen. Nach einer gedrängten Darstellung der Grundbegriffe der Graphentheorie zeigt *Reisinger,* daß sich grundsätzlich jedem Vertreter der verschiedenen Begriffsformen und der beiden Typusbegriffe spezielle Graphen zuordnen lassen (Abschnitt 4). Die vorgeführten Zuordnungsverfahren bringen wohl eine gewisse Vereinfachung, zumal die Elemente der jeweiligen Tatbestandskomponente als durch jeweils nur eine einzige binäre Relation verbunden dargestellt werden können. Allerdings weist *Reisinger* wohl zu Recht darauf hin daß sich die meisten Begriffe durch binäre Relationen in Graphen modellieren lassen, außerdem scheint eine zweckmäßige Erweiterung auf mehrstellige Relationen durchaus realisierbar.

Mit dem solcherart erstellten analytischen Instrumentarium ist es nun möglich, den juristischen Begriff B in einen formalisierten und operationalisierten Begriff B überzuführen. Die Einzelbegriffssubsumtion kann sodann durch Lösung des sogenannten „Entscheidungsproblems" realisiert werden, dh die Elementaraussage $x_o \in B$ muß angenommen oder verworfen werden: „Sei B ein juristischer Begriff, so besteht die Lösung des Entscheidungsproblems darin, für einen formalisierten und operationalisierten juristischen Begriff B zu entscheiden, ob ein Kandidat x_o unter B subsumiert wird oder nicht." (S 123) Der Weg zur Lösung des Entscheidungsproblems besteht nun in der Angabe einer Entscheidungsfunktion φ und einer Entscheidungsschwelle $\mathbf{r}$.

Die Entscheidungsfunktion von B, φ_B, hat die Eigenschaften:

1. $0 \leq \varphi_B \leq 1$
2. $\varphi_B(x) = \varphi_B(y)$, wenn x „gleich stark zu B gehört" wie Y
3. $\varphi_B(x) > \varphi_B(y)$, wenn x „mehr zu B gehört" als Y; $\mathrm{X}, \mathrm{Y} \in \mathrm{X}$.

(S. 80).

Für die Entscheidungsschwelle von B, r, gilt:

falls $\varphi_B \geq r$ entscheiden wir, daß B den Kandidaten x bezeichnet (dh, x wird unter B subsumiert)

falls $_B\varphi < r$ entscheiden wir, daß B den Kandidaten x nicht bezeichnet (dh, x wird unter B nicht subsumiert). (S 97)

Seien φ_i die Entscheidungsfunktion und r_i die Entscheidungsschwelle des i-ten Tatbestandes, so läßt sich nun schließlich die Rechtsnorm N operationalisieren durch:

$$\mathrm{N}\ ((\varphi_1 \geq r_1) \wedge (\varphi_2 \geq r_2) \wedge \ldots \wedge (\varphi_m \wedge r_m)/\mathrm{Y})$$

Die Lösung des Entscheidungsproblems erfolgt also in folgenden Schritten:

1) Isolierung der Tatbestandselemente B_i,
2) Formalisierung/Operationalisierung der Tatbestandselemente B_i,
3) Die Definition einer Entscheidungsfunktion jeweils für jedes B_i,
4) Die Angabe der Entscheidungsschwelle r_i jeweils für jedes φ_i,
5) Die Bestimmung von $\varphi_i(x_o)$ für den konkreten Kandidaten x_o.

Wie ja häufig bei der Erörterung von Problemen der Rechtsinformatik wird auch hier wiederum das Problem der Interdependenz von gerechter Bearbeitung von Rechtsvorschriften durch EDV und EDV-gerechter Abfassung von Rechtsvorschriften akut.

Ich meine, daß *Reisingers* Modell die Reife hat, daß man aus konkreten Versuchen damit für beide Bereiche lernen könnte. Alfred Schramm

Norbert Stadler, Datenschutz durch Organisation – Voraussetzung des Datenschutzes.

R. Haufe-Verlag, Freiburg (Breisgau) 1975, 95 Seiten. DM 19,–.

Im Vorfeld des Datenschutzes, der allgemein der juristischen Begriffssphäre zugerechnet wird, steht die Datensicherung, die alle Maßnahmen beinhaltet, die „Informationen vor Verlust, Verfälschung und unberechtigtem Zugriff bewahren soll, unabhängig davon, ob die gespeicherten Daten personenbezogen sind oder nicht" (S 5). Daß für die Datensicherung wiederum organisatorische Maßnahmen im Vordergrund stehen und die Datensicherung damit nur zum Teil eine Frage der hardware und der software ist, ist der Kern dieses knappen, aber präzisen und als praktische Fibel für den mit dem Aufbau eines Rechenzentrums Beauftragten sehr geeigneten Buches des aus dem Herstellerbereich kommenden Autors.

Der Band stellt vornehmlich die Datensicherung dar, die von jedem Rechenzentrum um seiner Funktionsfähigkeit willen beachtet werden müßte – insoweit wäre Datensicherung und Datenschutz selbstverständlich und dürfte keine negativen Reaktionen auslösen –, er weist aber auch auf die Differenzierungen hin, die je nach der Art der Daten und der Verarbeitungen gemacht werden müßten. Im einzelnen werden folgende Maßnahmen vorgestellt: Trennung der Verantwortung zwischen Anwenderbeauftragten (der für die Art und die Bereitstellung der Daten und die Zielsetzung der Verarbeitung verantwortlich ist, womit ein wesentlicher Teil des Datenschutzes mit Recht aus der eigentlichen DV-Phase ausgeschaltet wäre), Rechenzentrumsleiter, Verfahrenskontrolle und Archivar; Festlegung der Art und des Umfangs der Zugriffsberechtigungen; closed-shop-Betrieb) Verpflichtungserklärung der Mitarbeiter zur Wahrung der Vertraulichkeit (ein Bruch dieser Verschwiegenheitspflicht rechtfertige fristlose Entlassung); Testen von Programmen; Datenflußpläne; Archivierung und Hantierung von Datenträgern; Verfahrensdokumentation; Sicherungsbänder; software-Vorkehrungen durch ein Abstimmungs-, Sicherungs- und Kontrollsystem (für Kontrolle der Plausibilität der Daten sowie der Zugriffsberechtigung bei Datenfernverarbeitung – hinzuzufügen wäre aber auch eine Kontrolle gegen das Vorkommen unzulässiger Datenverknüpfungen); Vernichtung von Fehldrucken uä. Nur kursorisch sind die Ausführungen über Gebäudeschutz (sowie die Literaturauswahl).

Ein abschließender Exkurs ist den Kosten der Datensicherung gewidmet, wobei der Grad der erreichbaren Sicherheit und die aufzuwendenden Kosten klassifiziert werden. Der Festlegung der Zugriffsberechtigung und des Zutritts wird bei geringen Kosten eine hohe Wirkung zuerkannt; das Abstimmungs-, Sicherungs- und Kontrollsystem sei zwar ebenfalls sehr wirksam, aber kostspielig. Als von geringem Wert werden die (kostenlose) Verschwiegenheitsverpflichtung der Angestellten sowie Richtlinien für die Datenträgerhantierung angesehen. Das, worauf der empfehlenswerte Leitfaden keine Auskunft zu geben vermag, sind Hinweise für die Auflösung der Relation zwischen der Erforderlichkeit und Zumutbarkeit der „technischen und organisatorischen Maßnahmen gegen Mißbräuche bei der Datenverarbeitung", wie sie § 4 Abs 1 der Regierungsvorlage zum Bundes-Datenschutzgesetz aufstellt, doch das ist – folgt man der Grundeinstellung des Autors – keine Frage der Datenverarbeitung, sondern des die Datenverarbeitung einsetzenden Anwenders. Gerhard Stadler

Hans Ryffel, Rechtssoziologie – eine systematische Orientierung

Hermann Luchterhand Verlag, Neuwied und Berlin 1974. XI, 414 Seiten.

Wenn in der DVR auf ein so grundlegendes Buch wie das von *Hans Ryffel* zur Rechtssoziologie hingewiesen werden soll, so kann dies nur aus dem Blickwinkel der Anwendung der Datenverarbeitung im Recht geschehen.

Der erste Teil des Buches unternimmt auf den Seiten 13 bis 108 den Versuch einer kritischen Bestandsaufnahme, um dann auf denSeiten 115 bis 242 sich auf die Grundlagen der Soziologie im Recht zu beziehen. Die Seiten 243 bis 335 sind der Untersuchung zur Wirksamkeit des Rechts und die Seiten 339 bis 404 dem Problem der „gesellschaftlich bedingten Rechtsverzerrung" gewidmet. Ein ausführliches Register auf den Seiten 405 bis 414 dient zur Erschließung des Buches. Bereits bei diesem Register fällt auf, daß heute gängige Begriffe im Register nicht enthalten und zumeist auch im Buch nicht näher behandelt sind. Gedacht ist hierbei insbesondere etwa an Stichwörter wie Rechtsinformation, Rechtsinformatik, Datenverarbeitung, Information, Informationssystem.

Die damit verbundenen Probleme wurden allerdings nicht völlig außer acht gelassen. Auf den Seiten 272 ff werden die Probleme bei der Vorkehrung zur effektiven Kundgabe des Rechtes behandelt. Auch hier fällt auf, daß in einem rechtssoziologischen Buch, welches auch und gerade von der Bedeutung der Fakten und ihrer Auswertung handelt, selbst nur ganz allgemein über die „überaus große Zahl von Rechtsnormen und deren ständige Zunahme, der dadurch bedingten Unübersichtlichkeit, der Fachsprache und des für den Laien erschwerten Zugangs zu den offiziellen Gesetzblättern" Bemerkungen gemacht werden und zur Richtigkeit des eigenen Standpunktes auf allgemeine Zitate, etwa von *Menger, Kantorowitsch* und andere Bezug genommen wird.

An dieser Stelle und an anderen, die sich mit einer vergleichbaren Problematik beschäftigen, würde es der Rezensent sehr begrüßen, wenn eine Auswertung des inzwischen hierzu vorliegenden Materials – etwa die ausführlichen Zahlenangaben über die rechtsrelevanten Dokumente in dem Systemkonzept des Juristischen Informationssystems konkret ausgewertet — worden wären und Problematik des Informationsverhaltens und des Informationsbedarfs von Juristen (vgl Beiheft 2 und 2 zur DVR) – in eine Neuauflage eingebracht würden.

Verdienstvoll ist jedoch der kritische Ansatz neben der formalen Veröffentlichung von Dokumenten mit Rechtsnormen von einer notwendigen „effektiven Kundgabe der Rechtsnorm", bezogen „auf die entsprechenden Zielgruppen", auszugehen. Der vorgetragene rechtssoziologische Ansatz sollte im Rahmen von Arbeiten der Rechtsinformatik auf praktisch durchführbare Modelle zurückgeführt und im praktischen Versuch getestet werden.

ME stellten die Untersuchungen *Ryffels* zur Wirksamkeit des Rechts und der „gesellschaftlich bedingten Rechtverzerrung" die bedeutendsten Teile des Werkes dar. Sein weiteres Problem der „Entsprechung zwischen den Strukturen der Gesellschaft und des Rechts" ist nur grob angedeutet und in Fragestellungen stecken geblieben. In den Themenbereichen „Wirksamkeit des Rechts" und der von ihm so benannten „gesellschaftlich bedingten Rechtsverzerrungen" gibt *Ryffel* eine kritische Darstellung des gegenwärtigen Stands der Denk- und Forschungsergebnisse der Effektivität- und Justizforschung, der Soziologie des Rechtsstabs und des richterlichen Handelns. Daß dabei auch ein Versuch mitgeliefert wird, einen eigenen Forschungsansatz zu vermitteln, ist selbstverständliche, aber auch notwendige Beigabe. In dem Vorwort wird das Ziel des Buches kurz definiert: „Die vorliegende Orientierung über heutige Bestrebungen, die Grundlagen der Rechtssoziologie und ihrer Hauptprobleme möchte zur Klärung der noch verworrenen und kontroversen Lage beitragen." Dieses Ziel ist mit dem Werk gut gelungen. Es lohnt sich, es zu lesen.

Sigmar Uhlig

Klaus-G. Wendt, Informationsbedarf für industrielles Management

Verlag Walter de Gruyter, Berlin / New York, 1974. 240 Seiten.

Zur Existenzfrage für alle Dokumentations-, Informations- und Entscheidungshilfssysteme gehört immer die Frage nach dem subjektiven und dem objektiven Informationsbedarf und der Rolle, die die Information im Entscheidungsprozeß spielen kann. Aufbauend darauf kann die Frage gestellt werden, wie denn Informationen vermittelt und wie Informationen in den Entscheidungsprozß eingebaut und ausgewertet werden können. Dem dient die Untersuchung von *Klaus Wendt*. Er spricht dabei als Praktiker und Wissenschaftler zugleich. Der Autor ist Privatdozent für industrielle Führungstechnik an der TH Aachen und leitet gleichzeitig als Geschäftsführer alleinverantwortlich ein Maschinenbauunternehmen. Dies zieht sich durch sein gesamtes Buch hin. Er hat den Versuch gemacht, „mit dem Buch für die breite Anwendung in der Praxis eine Hilfe zu geben". Gleichwohl ist und muß es theoretisch bleiben. In seiner Einleitung bereits weist er als Grundlage darauf hin, daß dem Management selbst sein Informationsbedarf zumeist nicht bewußt wird und gerade hierin die Schwierigkeit für wissenschaftliche Untersuchungen liege. Deswegen macht er sich auch frei von der herkömmlichen Arbeitsweise, in einem Unternehmen vorhandene Daten nach oben, zur Führung in, zu verdichten, sondern stellt an den Anfang seiner Arbeit den Versuch, an der Spitze der Berichtspyramide zu beginnen und nach deren „eigentlichem" Informationsbedarf zu fragen.

Das ist der richtige Ansatz. Aber hier beginnt die eigentliche Problematik des Buches. Für einen einzelnen Betrieb, für einzelne Unternehmen, mit klar gegliederten Abläufen und relativ einfachen Zusammenhängen kann die von ihm vorgestellte Methode gut sein. Es fragt sich allerdings, ob diese Methoden verallgemeinert werden können und zB auch etwa im Bereich der Rechtsinformatik übernommen werden könnten. Und dies scheint mir der wesentliche Vorteil dieses Werkes für die Leser der DVR zu sein, daß es – unabhängig von dem völlig anderen Sachzusammenhang – Material zu methodischen Vorgehen und einen Ansatz enthält, der auch im Rechtsbereich für die Ermittlung von objektiven Informationsbedürfnissen zumindest erprobt werden könnte.

Interessant ist dabei die Feststellung, daß Informationsinhalte abhängig seien von der Informationsrichtung, auch wenn sie dasselbe Problem oder den gleichen Gegenstand betreffen. Übertragen auf den Rechtsbereich würde es heißen, es gäbe eine „aufsteigende Information", die das „was" beinhalte für Entscheidungen zB über neue Gesetze, die Einrichtung neuer Behörden, und eine „absteigende Information", die das „was" beinhalte, damit der einzelne seine Verpflichtungen kennen und erfüllen könne.

Einen besonderen Verdienst der Studie ist es meines Erachtens, daß die Fragen der Datenverarbeitung und damit des Einsatzes von EDV bewußt aus dem Gegenstand der Untersuchung ausgeklammert wurden und die Probleme des Informationsbedarfes losgelöst vom Computer untersucht wurden. Eine solche Vorgehensweise führt den Computer auf die ihm gebührende Rolle des Helfers bei der Durchführung in ihrer logischen Struktur bewältigten Aufgaben zurück.

Das Literaturverzeichnis weist 89 Einträge auf und zeigt, daß hier – wie mir scheinen will – eine den Intentionen des Autors entsprechende Auswahl der zitierten Autoren vorgenommen wurde. Das viereinhalbseitige Register ist dem Umfang des Werkes angemessen.

Insgesamt eine lohnende Lektüre. Vergleichbare Untersuchungen für die verschiedenen Aufgaben im Rechtsbereich wären notwendig.

Sigmar Uhlig

FSC
www.fsc.org
MIX
Papier | Fördert gute Waldnutzung
FSC® C083411

Kolibri 360 GmbH
Ferdinand-Jühlke-Straße 7
99095 Erfurt, Deutschland
produktsicherheit@kolibri360.de